武内孝夫

自転車で見た三陸大津波

防潮堤をたどる旅

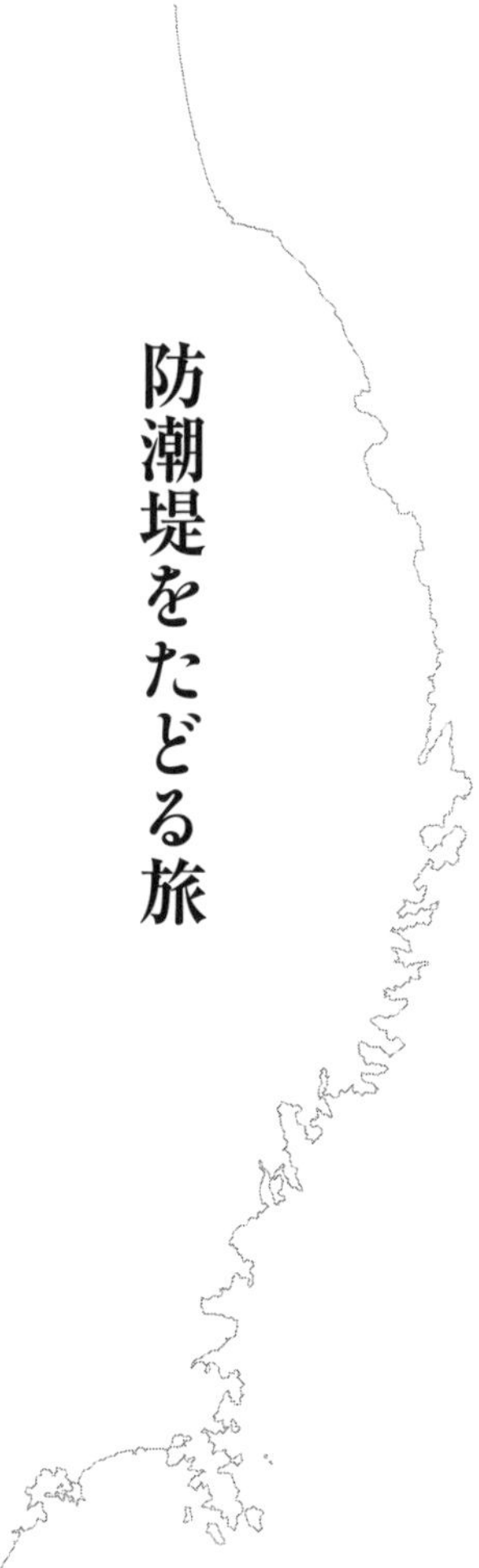

平凡社

【カバー写真】表：岩手県宮古市女遊戸《おなっぺ》の高さ一四・七メートルの防潮堤。
裏：岩手県宮古市田老の高さ一〇メートルの防潮堤。
【裏表紙写真】田老港の貯氷庫の壁に記された明治・昭和・平成の津波浸水高。

＊本文中の各市町村の東日本大震災による死者・行方不明者数は、消防庁災害対策本部がまとめた二〇一五年三月の数字を用いました。

自転車で見た三陸大津波——目次

地図作成——中山デザイン事務所

【行程図】

1〜10の番号は章番号に対応（10は「エピローグ」）。

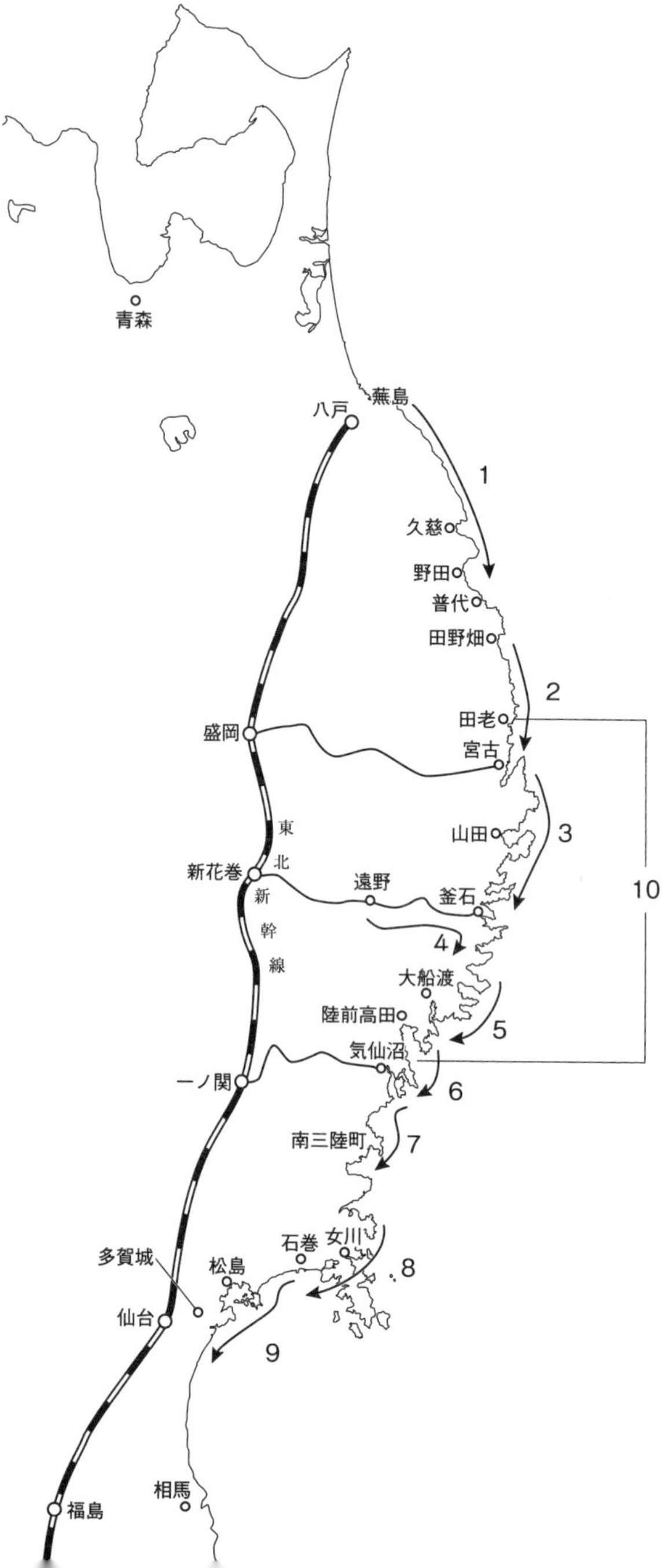

プロローグ——自転車という取材ツール

「自転車でね、三陸の被災地を走ってみるというのはどうだろう」

電話でそう持ちかけられたとき、すぐにその気になった。思わぬ提案をしてきたのは、自転車好きのフリー編集者、ナガイさんだった。ほとんど二つ返事でその話に乗ったのは、長年サイクリングをつづけてきたなかで、自転車を「取材ツール」として活用できないかと、かねて思っていたからである。

軽量タイプの自転車の車輪をはずし、袋詰めにして早朝の列車に乗り込む。目的地に着いたら駅で自転車を組み立て、そこから地図を見ながら好きなように走り、夕暮れになるころ、どこかの駅でまた自転車を袋詰めにして列車で帰路につく。こんな交通機関を利用したやり方を「輪行《りんこう》サイクリング」というが、このスタイルに親しんでかれこれ三十年ちかくなる。

その間、全国くまなく走ったわけではないけれども、関東近県から信州あたりを中心に、日帰りや数日程度のサイクリングをつづけてきた。そして、いつのころからか、ペダルを踏みながら、自転車というのは取材や調査に回るのに非常にいい道具ではあるまいかと思うようになった。取材といっても何を調べるかによっていろいろであるが、たとえばある限られたエリアについて、風景や地形、人びとの暮らし、匂いや空気感といったものも含めて、その土地のありようを把握するのに自転車という乗り物は都合がいいのである。

それは自転車の速すぎないスピードと小回りのきく機動性によるところが大きい。加えて自動車とちがって外界と遮断されていないので、五感が働きやすいというよさもある。上り坂、暑さ、寒さ、雨、向かい風などに苦労させられるが、それもまた「取材」のうちといえなくもない。

そんな自転車で三陸の被災地をたどれば、少なくとも自動車で通りすぎるよりは、はるかにいろいろなものが見えてくるはずだ。そう思ってナガイさんの提案にすぐに乗ったのである。

だが、その晩、考えをめぐらすうちに、ちょっと待てよ、という気になった。未曾有《みぞう》の犠牲者を出した被災地を自転車で走るという行為がためらわれるような気持ちが膨らんできたのだ。

取材とはいえ、やろうとしていることは要するにサイクリングであって、多くの人びとの命が奪われた鎮魂の地を自分の趣味である自転車でめぐることが、どうも不謹慎であるような気がしてきた。実際、被災者の目には自転車乗りの姿が物見遊山《ゆさん》のように見えるだろうし、「こんなところをサイクリングしやがって」と思われても不思議はない。まさか殴られはしないだろうけれども、行く先々で険しい視線を投げかけられたりするのではあるまいか。ただでさえ自転車はクルマのドライバーにとって邪魔な存在で、前方を行く自転車を追い抜くとき、多少とも神経を使うであろう。まして震災の傷跡がまだ生々しく残る被災地などを走れば、クルマに追い越されるたびに、ドライバーの舌打ちする姿が見えるような気がする。

そんなことを思うと、だんだん気が重くなってきた。だいたい被災地を自転車でたどったからといって、そう特別なものが見えてくるわけではあるまい。三陸の被災地が直面している現実は人間の英知をはるかに超えたもので、そんなところを自転車で走ったところで、どうなるものでもなく、現地のクルマに迷惑がられるだけではないか。

じつのところ、東日本大震災のとき連日の震災報道に嫌気がさして、しまいに悲劇にも美談にも奇談にも頬被りを決め込んでしまった。出版界の隅で生息している者としては誉められたことではないが、酸鼻をきわめた被災地を自分の目で見てみようといった気も起きなかった。東北出身であればまたちがっただろうけれども、あいにく東北とはまったく縁がない。あの大震災にたいして完全に傍観者だったことになるが、震災報道を遮断してしまったので、実際は傍観者ですらなかった。

これでは被災地取材をする資格もないのではないかと思えてきた。

そんなこんなで三陸行きの気持ちが萎《な》えかけたとき、宮城県石巻市出身の人物に話を聞く機会があった。そのI氏は、震災後、故郷の変わり果てた光景を目の当たりにして、どうしてもカメラのシャッターを押すことができず、震災から二年ちかくたって、ようやく故郷の風景をカメラにおさめることができるようになったという。

震災ショックからようやく立ち直りつつあったI氏は、三陸自転車行のプランには少々あきれ顔であったが、すぐに賛意を示してくれた。ぜひ被災地のありのままの姿をつぶさに見てほしい、それは多くの被災者の気持ちでもあろうというのだ。

それを聞いて安心した。被災者というのはそういうものかと思うとともに、自転車で被災地をうろうろしても大目にみてもらえそうな気がしてきた。I氏に会っていなければ三陸行きはやめていたかもしれない。それならば、やってみようかと、ふたたび気持ちが動きはじめたところで、I氏がつけ加えた。

「ただ、宿の確保が大変ですよ。いまはどこの被災地の旅館も民宿も工事関係者でいっぱいだろうし、そこへ週末になると全国からボランティアがやってきますからね」

事実、このあと宿の確保には苦労させられるのだが、三陸海岸といっても、南北にざっと四〇〇キロメートル以上もつづいており、そこを自転車であちこち立ち寄って取材しながらたどるとなると、一度に走破するのはとても無理だ。仕事の都合もあり、結局、週末を利用しながら何回かに分けて走るしかない。初回にA地点からB地点まで走ったら、次回はB地点まで自転車袋を携えて輪行し、そこからまた走りはじめる。それをくりかえして三陸海岸をずっとた

自転車は取材ツールに向いている（岩手県山田町にて）

どっていくことにした。ツギハギ雑巾みたいなサイクリングであるが、やむをえない。

これまで東北地方は何度か走ったが、三陸海岸を走ったことは一度もなかった。三陸は交通の便がよくないところで、久慈《くじ》や宮古へは東北新幹線の「はやぶさ」を利用しても、東京から半日かかる。だが、三陸に足が向かなかった理由はそれだけではない。正直なところ、リアス式海岸のあの複雑に入り組んだ地形を思い浮かべただけで走る気が失せる。行けども行けども果てしないアップダウンの連続であることは容易に想像がつくからである。

信州あたりの標高の高い峠を越えるときは、午前中いっぱいかけて、じわじわと峠をのぼりつめ、ひと息ついて長い下りにとりかかる。こうした走り方のほうがむしろラクで、こまかなアップダウンの連続は自転車にはいちばんこたえる。自転車乗りからすると、三陸海岸の地形は嫌がらせとしか思えない。

さらに海岸線を行く道はどこも普段から交通量が多いうえに、震災後の三陸は復旧工事のダンプカーやトラックなどの大型車両がひっきりなしに走っているはずだ。大型車両は自転車の大敵で、これが多いと走っていて気が抜けず、非常に神経をすり減らす。つまり三陸、とくに震災後の三陸は、地形も交通量もその車種も、自転車には最悪の三段重ねみたいなところといえる。それなりの覚悟をもって臨まなくてはならない。

ちなみに三陸海岸は青森県、岩手県、宮城県の三県にまたがっており、宮城県側からスタートして北上するか、青森県側からスタートして南下するか、ふたつの選択肢がある。ナガイさんと相談し、北から南下することにしたが、特段の理由はない。これから何度も東京と三陸を往復することになるから、だんだん東京に近づいたほうが、先々の交通費が多少とも安くなって気分的に楽だろうと、そのくらいのものである。

三陸海岸の南端は石巻市の牡鹿《おしか》半島基部までとされているが、いちおうの終着点をもう少し先の仙台とした。いうまでもなく東日本大震災の被災地は、その先の福島県や茨城県の沿岸部のほうまでつづいているけれども、福島県に入ると「原発被災地」になり、津波とはまた別の話になってくる。被災地でも三陸海岸に区切ったのは、リアス式海岸という特異な地形ゆえの津波常襲地を丹念に見てみたいという思いが強かったからである。

こうして三陸取材の大ざっぱなプランを立てると、若干の携帯品をそろえ、もう四半世紀ほど乗っている旧車の回転部分に何年かぶりにグリスを詰めた。

この自転車、何台か所有するなかで、いちばん古いやつだから見栄えはよくないが、その昔、老舗《しにせ》の専門店で誂《あつら》えたオーダーメイド車である。あちこちの峠越えにさんざん酷使し、傷だらけのフレームにはいつかの転倒でこさえた大きなヘコミもあるけれど、これは軽量化のために極薄パイプを使用したせいだ。しかし、おかげで輪行袋の持ち運びがラクで、スピードが出ないかわりに登坂に強く、急坂でもトコトコ登っていく。三陸海岸のような、くねったルートをたどるにはちょうどよい。

近年は遠乗りの出番が減り、すっかり近所の散歩用になっていたが、整備をすませてあらためて眺めると、どことなく凜《りん》として見える。

それを分解して袋詰めにし、出発準備を終えた。

かくして震災から二年と少したった二〇一三年四月半ば、早朝の東京駅改札でナガイさんと落ち合い、輪行袋をかかえて東北新幹線に乗り込んだのだった。ナガイさんは組立が簡単で、いま流行の折りたたみ自転車を持ってきた。列車が動きだすと、ナガイさんがポケットから何か取りだして「ほら、これ」と手渡した。見ると、鎌倉は鶴岡八幡宮の交通安全の御守りであった。

第一章　防潮堤のある風景

八戸—洋野—久慈—野田—普代
〈二〇一三年四月〉

八戸——新幹線で輪行三時間

青森県南部の八戸《はちのへ》駅からスタートすることにしたのは、東京駅から新幹線で三時間たらずで着くうえに、八戸の海岸が三陸海岸の北の始まりとされているからである。

駅前でそそくさと自転車を組み立て、ナガイさんとともに小雨のなかをゆっくりしたペースで走りはじめた。

八戸は震災で人的被害こそごく少なかったものの、港が壊滅状態になり、多くの倉庫や工場が被害をうけている。しかし、それから二年たって来てみると、もうすっかり復旧したらしく、町にも港にも震災の傷跡らしきものはうかがえない。

市内を流れる馬淵川《まべちがわ》の河口付近には酒造会社の白壁の蔵がある。往時はそこから船で酒樽が運ばれていったのであろう。かつての商都の雰囲気を残している。

港のはずれにあるウミネコ繁殖地で有名な蕪島《かぶしま》に立ち寄り、うんざりするほどのウミネコが群れるさまを見て、海岸沿いの道を進むことにした。厳密にはこのあたりから三陸海岸がはじまるようだが、まだリアス式海岸にはなっておらず、なだらかな海岸線がつづいている。

三陸海岸には青森市と仙台市を結ぶ国道45号線がずっと通っているが、この道は海岸の断崖上を直線状に貫く高速道路のごとき国道である。集落も港も眼下に通過してしまうので、そこを走っても、ひとの暮らしも巨大津波の傷跡も基本的に見えない。

そのため、リアス式海岸の入り組んだ地形を几帳面にトレースするように海岸沿いの県道や町道をたどっていくつもりだが、元来、自転車という乗り物は、そうした曲がりくねった生活道路を行くのに適している。

しかし、八戸から海岸づたいにつづくその県道は、生活道路というよりも、わざわざ自転車のためにつくってくれたような道だった。交通量はほとんどなく、海辺の静かな林間を進む快適な平坦路に、ついいつものサイクリング気分になった。雨もあがり左手に広がる四月の海はいたっておだやかで、あの日、猛り狂って沿岸の町村を呑みこんだ同じ海とは思えない。

小一時間ばかり走って着いた種差《たねさし》漁港のトイレの壁に、その高さまで波がきたことを示す印

電信柱の浸水表示

海岸トイレの浸水表示

とともに「津波浸水高一〇・七メートル」と書かれている。同じような表示は八戸港の近くでも見かけたが、そこは五・三メートルだった。南下するにつれて襲った津波が大きかったことをうかがわせる。実際、種差漁港からさらに南下し、岩手県に入ってすぐの洋野町角《ひろのちょうかど》の浜《はま》まで来ると、集落の電信柱に「津波一六・六メートル」の表示があった。

　一六メートルというと四階建てのビルくらいの高さだが、そんな大津波に襲われた洋野町は、今回の震災で三陸沿岸自治体のなかで犠牲者を出さなかった唯一の町である。住戸を含む二〇〇棟近くが被害にあったが、人的被害はなく、ケガ人もいなかったという。

　地形の具合で津波に強い町や村があるともいうが、洋野町の場合、そういうことではなさそうだ。町の中心部から少し南下した大浜集落のはずれに、昭和八年（一九三三）に三陸を襲った大津波の記憶を刻んだ石碑が立っていた。そこには「地震に気を緊《し》め、津波に避難」の警句とともに、このときの津波により大浜集落だけで死者二二人、流失家屋八戸があったことを伝えている。今回の震災では、この警句そのままに、すみやかに避難したことが人的被害を出さない要因になったらしい。

近代以降、三陸地方に大きな被害をもたらした津波に、明治二九年（一八九六）の大津波（全国の死者・行方不明者二万一九五九人）と昭和八年の大津波（同三〇六四人）があるが、この大浜集落の石碑を皮切りに、以後、行く先々で二つの大津波災害を伝える石碑を見かけることになった。

明治三陸大津波は今回の震災を上回る犠牲者を出しているが、明治以前も三陸地方はたびたび大津波に襲われている。歴史をさかのぼると、平安前期の貞観《じょうがん》一一年（八六九）の大津波がよく知られているほか、江戸時代だけでも、慶長《けいちょう》一六年（一六一一）、延宝《えんぽう》五年（一六七七）、宝暦《ほうれき》一二年（一七六二）、寛政《かんせい》五年（一七九三）、安政《あんせい》三年（一八五六）に大津波が三陸地方を襲った記録がある。

要するに三陸は津波常襲地帯であるが、じつはこの取材をはじめるにあたり、素朴な疑問があった。なぜそのような地に人びとが定住するようになったかである。ここにあげた江戸時代の五回の大津波に、明治、昭和、それから今回と三回の大津波を合わせると、江戸のはじめから現在までに三陸は平均しておよそ五〇年に一度の割合で大津波に襲われていることになる。

おおむね一世代に一度の頻度で悲劇を経験している計算になるが、それでも人びとはこの地を離れることなく住みつづけた。三陸の海が世界三大漁場のひとつに数えられるくらい豊かであることが大きな要因かもしれない。

三陸一帯には縄文貝塚が多数見つかっており、太古の昔からこの地に人びとが暮らしていた。しかし、津波襲来の間隔がもっと短く、たとえば一〇年に一度の頻度で大津波に襲われる地であれば、ここに人の生活圏は生まれなかったような気がする。

ナガイさんは、東北新幹線に乗って岩手県を北上すると、車窓の右手に連なる山脈のむこうに、もうひとつわれわれの知らない別世界が広がっているような錯覚をおぼえるという。三陸はそんな別世界にある異郷の地ではないかというのだ。

そういえば、八戸から半日ずっと走りつづけて、たんぼをまったく見かけなかったことに気がついた。通常、海岸沿いを走っていても、少しはたんぼを見かけるものだが、それがない。山と海が接近しているため、たんぼをつくるような平地がないのであろうけれども、やはり稲作地帯とは異なる文化圏なのかもしれない。

ぼんやりとそんなことを考えながらペダルを踏みつづけ、夕闇せまるころ、最初の宿泊地である久慈《くじ》市のビジネスホテルに着いた。

小袖海岸――「あまちゃん」の生活道路

翌日も走りはじめると、昨日のつづきのような快適サイクリングとなった。久慈市の中心部から海岸線を行くと、まもなく岩礁が連続する景勝地の小袖《こそで》海岸に入る。

複雑な海岸線を縫ってつづくこの道の景色は変化に富み、それでいて断崖の下を行く道だから、ずっと平坦で走りやすい。加えて道幅が狭いため週末はマイカー規制をしており、おかげで交通量はほとんどない。こんな道を自転車で走っていると、景勝地を独占しているようで、なんだか申し訳ない気分になる。

小袖海岸の終着点に小袖集落があり、ここの海は「北限の海女《あま》」で知られる。NHK朝の連続テレビ小説「あまちゃん」のロケ地になったところで、小袖漁港にはイカやサザエを焼く露店が出ており、バスで来たらしい観光客が群れている。

観光客で華やぐ小袖だが、二年前の震災では強烈な津波に襲われている。港で漁船のロープを巻き上げていた漁師の男性は、「津波？　あの岩の上を超えたよ」と背後の夫婦《めおと》岩を指さした。高さは優に一五メートルほどありそうな巨岩である。港に係留してあった漁船はほとんど流され、この男性も漁船を失った。その後、中古の漁船を北海道から買ったが、漁船ならどこの漁船でもいいというわけではないらしい。

「三陸の海は荒いもんだから、舳先《へさき》がこう鋭いやつでないと、うまぐねえス。西日本で使われているような船じゃ役に立たねえ」

というのがその理由である。三陸の漁師は、少々の荒波でも海を切って進む舳先の鋭い船を「男船」、瀬戸内海のような穏やかな海で使われる、丸みをおびた舳先の船を「女船」と呼んでいるそうだ。

荒々しい自然と向き合わなくてはならないのは漁師ばかりではない。いわば小袖での暮らしそのものがそうであった。それはかつてこの集落がほとんど陸の孤島だったことが物語っている。久慈市の中心部から直線距離にして七キロたらずの小袖集落までバスが走るようになったのは昭和三一年のことで、それまでは断崖の細道を徒歩でたどるしかなかったという。

小袖集落にとってバスの開通は大きな意味をもっているが、それを可能にしたのが、いましがた走ってきた小袖海岸沿いの道路であった。話を聞いた漁師の男性は、まだ幼かったころ、道路開通を祝って村のおとなたちにまじり日の丸の旗を振ったのを記憶している。この道は景勝地をたどる観光道路などではなく、小袖集落の暮らしを大きく変えた生活道路だった。

小袖海岸には昭和二〇年代までまともな陸路がなかったことになるが、それは小袖海岸にかぎらないはずだ。リアス式の断崖に阻まれて戦後まで陸路が整わなかった三陸沿岸の村々では、人や情報の行き来が少なく、これは三陸の暮らしや文化を理解するうえで重要であろうと思う。

3・11の二日前にも地震

小袖から先は海岸線に道がない。そこで海を背にして山道を上り、しばらくして小さな峠を下ると野田村に出た。と、そこは、いままでとはちがう光景が広がっていた。

野田村の中心部は、ここまで狭隘《きょうあい》な海岸線ばかりたどってきた目には、けっこうな広がりをもった地形が印象的で、たんぼもある。津波はこの小さな平野を呑みこんだらしく、サラ地のあちこちに重機が動きまわり、市街地にはプレハブの仮設店舗がある。被災地につきものの仮設店舗を見るのは、これがはじめてだった。国道45号に合流すると、土を満載にしたダンプが土埃をあげてつづけざまに走っていて緊張する。

ここまでの道すがら、何人もの人が野田村の被害の大きさを口にしていたが、どうやら本格的な被災地に入ったようだ。野田村の震災犠牲者三九人は、岩手県北部の沿岸市町村のなかでもっとも多い。

たんぼで作業をしていた男性によると、三九人の犠牲者のうち一〇人は県道で津波を見ていて逃げ遅れた人たちだという。津波は、海面から一二メートルの防潮堤を軽々と乗りこえて市街地を襲っている。この男性は、その日、地震がおきたとき散歩をしていた。激しく長い揺れに立っていられず、その場にしゃがみこんだが、そのあととくに避難はしていない。男性だけでなく、多くの人は大津波が来るとは思わず、すぐに避難しなかったという。これは当時の「地震なれ」が原因である。

あの大震災の二日前、すなわち二〇一一年三月九日、三陸沖を震源とするマグニチュード7・2の地震が発生し、東北地方の太平洋沿岸に津波注意報が発令された。しかし、三陸沿岸に達した波は数十センチ程度のものだった。翌一〇日にもマグニチュード6クラスの地震が三陸沖で複数回おきている。そして一一日に大地震が三陸地方を襲うが、その尋常でない揺れに多くの人が津波襲来を危惧するいっぽう、どうせたいした津波は来ないだろうと、たかをくくる人も少なくなかった。

野田村の中心部で衣料品店を営む夫妻も避難していない。津波は瓦礫《がれき》もろとも店内に入りこみ、「水は柱のここまできたんですよ」と店の主人はちょうど自分の背丈ほどの位置を指さした。鉄筋コンクリート三階建ての店舗は津波に耐え、夫妻は三階に上がって事なきを得ている。

店の入り口の看板や壁には瓦礫がぶつかった傷跡が残っているが、野田村の市街地を埋め尽くした瓦礫のなかには松の大木が少なからず見られた。海岸の防潮林の松が根こそぎなぎ倒され、それが凶器となって家々を破壊したのだ。野田村は三陸海岸ではめずらしく三キロほどつづく砂浜があり、夏は海水浴で賑わった。その砂浜に沿って松林があり、それは美しい景観をつくりだすとともに、高潮《たかしお》や津波から村を守る防潮林の役割をはたしていた。

野田村の海岸に松林ができたのは、昭和八年の大津波が契機だったという。県南部の陸前高《りくぜんたか》田《た》では江戸時代からある松林が昭和の大津波を減殺《げんさい》して被害を抑えたため、それにならって野田村でも松林がつくられたのだ。

「その松が、ハア、たくさんの家を壊すことになってしまって」

と衣料品店の主人は嘆息した。

野田村では全体の三割にあたる約五〇〇戸が全半壊しているが、松林が被害を拡大させたことは否定できない。防災のための備えが、自然エネルギーが一定以上になると、とんでもない凶器に転じることを野田村の災害は教えてくれている。

野田村――津波襲来五〇年周期

松林への恨みをにじませた主人は、くしくも昭和八年生まれである。子どものころ、明治と昭和のふたつの大津波を経験した父親から、よくこう言われたという。「大きな地震があったら、近くを流れる川を見ろ。川の水がひいていたら津波が来るぞ」。

だが、あの日、主人は川の様子を見ていない。父親の教えをすっかり忘れており、あとで思い出して川を見ればよかったと後悔している。

昭和八年の大津波のあとに三陸を襲った大きな津波としては昭和三五年（一九六〇）のチリ地震津波がある。この年の五月、南米チリでマグニチュード9・5という観測史上最大の地震が発生し、それがひきおこした津波が太平洋を渡って日本列島に達したのだ。三陸では場所によって八メートル超の津波が襲い、全国で一三九人の犠牲者を出している。

今回の津波とくらべると被害はずっと小さいものの、三陸では戦後の大津波として記憶され、その後の行政の津波対策もこのときの浸水高などをもとに整備された地域が多い。

そのチリ地震津波から五一年後におきたのが今回の津波である。津波襲来の平均五〇年周期説が妙にリアリティを帯びてくるが、この五〇年という時間がおそらくクセモノで、人間の記憶風化をもたらす時間経過とかさなるのではないか。衣料品店の主人が語った父親の教えのエピソードは、それを示唆しているような気がする。

ちなみに、この主人の妻もまた別のかたちで津波の警戒を伝承されている。彼女は子どものころ、祖父の家に遊びに行くと玄関脇の鴨居に決まって藁草履《わらぞうり》が何足も掛かっていたのを覚えている。使いもしないのになぜだろうと不思議に思い、あるとき明治生まれの祖父にたずねてみると、これは津波のときに履いて逃げる草履で、ふだんは使ってはいけないものだと教えられたという。

それが実際に役立ったかどうかはともかく、玄関脇に掛けられた藁草履は津波の記憶風化を防ぎ、日常生活のなかで万一の備えを喚起しつづけたにちがいない。

三陸では、おそらく家ごとか、あるいは集落ごとに、こうした津波警戒の風習がうけつがれ、「津波文化」といったものが形成されてきたはずだ。それは今回の震災がおきるまでに風化した部分も少なくなかったが、それでも地域ごとの記憶の端に生きていて、それが今回の津波被害をある程度小さくするのに寄与したのではないか。

野田村の犠牲者三九人は決して少なくないが、岩手県北部の津波遡上高が今回より若干低かったとみられる明治三陸大津波では、当時の野田村の犠牲者は二六〇人と伝えられている。

野田村の防潮堤は修復中だった（2013年4月）

津波を象徴する防潮堤

話を聞いた衣料品店を辞して、浜辺に行ってみると、防潮堤の補強工事が進められていた。計画では現在の海面から高さ一二メートルの防潮堤を一四メートルにすることに決まっているという。

野田村には今回、遡上高一六〜二六メートルの津波が襲っており、防潮堤を一四メートルにしたところで、防ぐことはできない。だが、一〇〇年に一度あるかないかの大津波のために高さ三〇メートルもの防潮堤を築くのは現実的ではない。そこで八〇年前の昭和三陸大津波の遡上高を参考に、環境保全や経済性、維持管理の容易性など、もろもろ考慮のうえ一四メートルになったらしい。

しかし、そばに来てみると旧来の一二メートルの防潮堤でも見上げるばかりの高さで、充分に壮観である。ナガイさんに撮ってもらった写真を見ると、防潮堤の下部に立つ自分の姿が情けないくらい小さい。

高さからいってこの構造物が今回の津波に用をなさなかったことはあきらかだが、サラ地が広がる荒涼とした風景のなかにそびえる防潮堤は、毅然《きぜん》と海に立ち向かっているかのように見えた。三陸の特異な自然と津波文化がつくりあげた特異な景観である。

三陸の防潮堤をめぐっては、より高く強靭《きようじん》なものに再構築しようとする国や県にたいして、公共事業の無駄を指摘する野党、景観・環境を重視する市民団体らが反対しており、とくに宮城県では反対意見が強いと聞く。

もっとも、メディアの報道を見るかぎり、そこに暮らす地元住民の声はあまり伝わってこない。ならば実際のところはどうなのか。

防潮堤は津波常襲地の三陸を象徴するものであるし、ここから先は防潮堤を視界に据えながら三陸沿岸をながめていくことにしようと決めて、次の目的地である普代《ふだい》村へハンドルを向けた。

「いいから、ほれ、乗んねえ」

野田村から普代村へは海岸沿いの国道45号線しか道がない。しかも村のはずれに瓦礫処理場があるらしく、材木片などを満載したトラックが頻繁に行き来している。45号線は三陸鉄道北リアス線とほぼ併走し、ゆるやかなアップダウンをくりかえしながら南下する。こういう道は細い高圧タイヤを装着した快走車で駆け抜けるのがふさわしいけれども、あいにく、そういうタイプの自転車には乗っていない。

ただ、スピード走行には向いていない反面、地べたの感触をお尻で得ながら道端の石碑を見つけたり、通りすがりの人にものをたずねたりするのは、こういう低速車のほうがいい。

そういえば昨日、沿岸の細道を走っていて、むこうからゆっくり歩いてきたおばあさんに「ごくろうさま」と声をかけられた。ねぎらいの言葉を頂戴するようなことはしていないが、これが高速のロードレーサー（昨今はロードバイクというが）だったら、すれちがいざまに、さっと身をよけるしぐさをされたかもしれない。あのタイプの自転車は、周囲に空気の壁をつくってしまうところがある。地元の人との距離を縮めてくれるのも、旧式低速車の取り柄であろうと思う。

被災地サイクリングはひんしゅくを買うのではないかという思いは、どうやら杞憂《きゆう》のようであった。それればかりか、三陸のドライバーはおしなべて自転車にやさしい。われわれを追い抜くとき「ちょいと失礼しますよ」と、こちらを気遣いながらアクセルを踏む気配が感じられる。クルマの運転にも土地柄というものがあり、千葉県や愛知県のドライバーとはえらいちがいだ。

やがて普代村に入ったが、途中で小さな漁港に立ち寄って時間をくったこともあり、宿のだいぶ手前で夕暮れが迫ってきた。しかるに道は依然アップダウンをくりかえし、長い登り坂でナガイさんともどもへばりかけていると、クラクションを鳴らして通りすぎていった一台のトラックがあった。トラックは前方で止まり、運転手が顔を出して声をあげた。見ると、けさほど久慈港のはずれで話を聞いた男性であった。

陸揚げした漁船の船底に向かって、くわえタバコで作業をしていたその男性は、塗装業の愉快な親方で、ひとしきり津波と関係のない話をして別れたが、そのあと野田の漁港でも鉢合わせした。県内の港港に得意先があるらしく、顔を合わせるのはこれで三回目である。

「いいから、ほれ、乗んねえ」

ありがたい言葉に甘えて、自転車をトラックの荷台に積み込んで、宿まで乗せてもらうことにした。親方はわれわれが村の公共宿泊施設に泊まることを知ると、「あそこはメシがなあ」としきりに気の毒がっていたが、一軒の鮮魚店の前まで来るとトラックを止めて店の中へ入っていった。しばらくすると戻ってきて「これ、調理場に渡して、おかずをもう一品増やしてもらうといいよ」と、生シラスが詰まったパックを二つ手渡してくれた。

自転車貧乏取材の二人づれと思われたような気がしなくもないが、被災地の人にあれこれ親切にされて、ひどく恐縮する。

もっとも、その晩、食堂のテーブルに並んだ料理は、親方の言葉とは裏腹に、味も量も充分満足するもので、これに大量のシラスの卵和《あ》えが加わったものだから、お腹がはちきれそうになった。

普代――高さ一五・五メートルの水門

翌朝、目覚めると雨が降っていたが、やがてみぞれになり、まもなく雪に変わった。ある程度の寒さは覚悟していたとはいえ、この日は四月二一日だから、道がうっすら白くなってきたのを見て、さすがに少し驚いた。

しかし、天候回復を待ってもいられない。カッパの下にあれこれ着込んで出かけることにした。

人口二九〇〇人と県下の市町村でもっとも人口の少ない普代《ふだい》村は、このたびの震災で大きな注目を集めた。三陸海岸随一の高さである一五・五メートルの防潮堤と水門があり、これが大津波を防ぎ、村を守ったとして広く知られるところとなった。人的被害は行方不明者一人のみで、住宅の流失や損壊もなく、床上浸水が一軒あっただけである。

一五・五メートルの防潮堤は港のある太田名部《おおたなべ》地区にあり、昭和四二年に完成している。これにつづいて同四八年から普代川の河口近くに大規模な水門の建設工事がはじまり、一二年の歳月と三五億円超をかけて五九年に完成した。その水門も高さ一五・五メートルある。

この防潮堤と水門は、昭和二二年から一〇期四〇年にわたって村長をつとめた故・和村幸得《わむらこうとく》氏の熱心な推進によって建設された。一五・五メートルという高さにこだわったのも和村村長である。明治三陸大津波で普代村は多くの犠牲者を出しているが、このとき村を襲った津波が

普代川の水門は大津波から市街地を守った

高さ一五メートルと伝えられ、和村氏はそれよりも低い防潮堤や水門を頑として認めなかったという。

昭和三〇年代に築かれ、その長大さから「万里の長城」にもたとえられた田老《たろう》（宮古市）の防潮堤でも高さは一〇・五メートルである。その一・五倍となると、当時としては常識はずれの高さといってよく、そんなものが本当に必要かと反対する村民が少なくなかったらしい。和村氏はそれを押し切って建設に着手し、防潮堤と水門をつくりあげている。

氏は平成九年（一九九七）に八八歳で亡くなっているが、今回の震災でその功績が多くのメディアにとりあげられ、大津波から村を守った偉人として称賛された。これにより三陸の小さな村はにわかに全国の注目を集め、さらに米国の「ワシントンポスト」紙が記事にするにおよんで、和村氏の功績は海外にまで広まることとなった。

以上が「普代村の奇跡」のあらましであるが、まず普代川の河口近くにある水門へ行ってみると、川の両側に山が迫り、あたりに人家はない。普代村の市街地はここから上流へ一キロほどいったところにある。したがって、水門がなければ、津波は海から川をさかのぼって市街地を呑みこんでいたことがわかる。

水門は川の岸から岸まで幅約二〇〇メートルにわたっており、あの日、激しい揺れに襲われたあと、ひとりの消防士によってゲートが閉じられた。本来なら自動的に閉じるはずが、地震後、自動開閉装置が故障していることがわかり、消防士があわてて駆けつけ、手動スイッチを作動させている。まもなく押し寄せてきた津波は、水門を超えたものの、そこに激突して勢いを失い、市街地まで到達していない。

「二度あったことは、三度あってはならない」

いっぽう、防潮堤は水門から海に出て少し行ったところにある。港の漁協の近くに道路に沿って一五〇メートルほどにわたり要塞のような防潮堤が築かれており、防潮堤の内側に入ってみると、多くの人家がある。一五・五メートルというのは海面からの高さで、地上からだと十数メートルであろうが、防潮堤のきわに建っている家からは、二階の屋根に上がっても、堤のコンクリート壁に遮られて海は見えそうにない。

港の護岸からいくらも離れていないが、この集落の家々は、震災のとき防潮堤に守られて被害はまったく出ていない。鉄壁のガードとして機能したのだ。

いまから半世紀ちかく前に、よくぞ築いたという気がするが、しかし、この快挙に村民が胸を張っているかというと、じつはそうでもないのである。

「まんず運がよかったんでねえべか」

と、村人のひとりは面映《おもは》ゆそうな表情を浮かべた。今回は、明治、昭和の津波のときとちがって震源地が南の宮城県沖だったために、この地を襲った津波が比較的小さかったのではないかというのだ。

さらに地の利にも恵まれたという。普代村の場合、海岸部に市街地が広がっておらず、前述のように内陸に入ったところに村の中心部がある。そのため津波の進入路である普代川の入り口と、港のそばの太田名部集落と、この二つの限定箇所を重点ガードすれば、村の被害を最小限にとどめることができる。

「田老みたいに何キロもつづくような防潮堤が必要なわけじゃないからなあ。あんまり威張れないよ」

村人はマスコミに騒がれたことがなんだか恥ずかしそうだが、震災後、悲惨な報道ばかりがあふれた反作用で、希少な朗報としてマスコミが「普代村の奇跡」を強調したきらいは否めない。なかには、村内政治閥に言及し「最初に和村シンパの者がインターネットで震災被害がなかったのは元村長の功績だとPRしたんですよ」などと口にする人もいたが、どうあれ和村氏が譲らなかった一五・五メートルの防潮堤が津波から村を守ったのは事実である。

しかし、いっぽうでこんな事実もある。東京大学地震研究所の調査結果によると、今回、普代村を襲った津波の遡上高は、太田名部地区で八・四〜一〇・六メートル。じつはこの数字、近隣の町村とくらべて顕著に低いのだ。

普代村の中心部から北方約一〇キロにある野田村の野田玉川駅で遡上高は二六・六メートル、さらにその北にある野田漁港で一六・九メートル。普代村の南はどうか。田野畑《たのはた》村の明戸《あけと》地区で二二・五メートル、そこから少し南の羅賀《らが》地区で二二・九〜二七・八メートルである。近隣を襲った津波の高さは、普代村の津波のおおむね二倍以上だったことがわかる。

津波の高さは、ちょっとした地形の変化により測定場所が少し異なるだけで数字が大きく変わることがあるという。そのせいかどうかは不明だが、東大地震研が公表している数字を見るかぎり、近隣の町村とくらべて普代村の津波はあきらかに小さい。

今回の津波被害は岩手県よりも宮城県のほうが大きく、また地震の震源地も宮城県沖であったが、沿岸を襲った津波の高さは相対的に岩手県のほうが高い。さらに岩手県だけを見ると宮古を中心とした中部沿岸部がもっとも高く、北部沿岸部は中部ほどではないが、それでも宮城県とくらべると高い。したがって、村人がいうように震源地から離れていたから津波が低かったわけではない。近隣町村を襲った津波は軒並み高かったが、なぜか普代村だけが低かったの

普代村の津波記念碑（右）と和村村長の顕彰碑（左）

である。

ちなみに津波研究者である首藤伸夫・東北大学名誉教授は、太田名部の港外で一七メートルほどあった津波が港内では八・五メートルに半減したと指摘し、その理由として「津波周期の短さ」をあげている。つまり、港内で小刻みな津波となり、それによって津波越流時間が短くなって港内の水位上昇を抑えたというのだ。

なぜ太田名部漁港で津波周期が短くなったかは不明だが、ともかくこの港を襲った津波は周辺地域とくらべてあきらかに低かった。「奇跡」の正体はこれである。

ただし、防潮堤と水門がもし一〇メートル以下であれば、今回の奇跡はおきていなかったであろう。その意味で奇跡を引き寄せたのは、一五・五メートルの高さにこだわった和村氏の執念だったといえる。普代村は、明治の大津波で一〇一〇人の犠牲者を、昭和の大津波で一三七人の犠牲者を出している。この二度の悲劇をくりかえすまいと、和村氏はどこよりも高い防潮堤と水門を築いた。

現在、その水門のそばに和村氏の功績を称えた真新しい顕彰碑ができており、そこには「二度あったことは、三度あってはならない」と村長時代の言葉が刻まれている。

第二章　三七・九メートルの大津波

田野畑―島越―田老
〈二〇一三年五月〉

遠い三陸海岸

三陸の遠さは、自転車で走るよりも列車に乗ったほうが実感できる。

東京発六時三二分の「はやぶさ」一号に乗ると、八戸着が九時一八分。ここでおよそ一時間待ってJR八戸線の列車に乗り、終点の久慈着が一二時。ここからさらに三陸鉄道北リアス線に乗り換え、小一時間ばかり揺られると、田野畑《たのはた》に一三時二五分に着く。家を出たのが五時半だから、ここまでちょうど八時間かかっている。

その田野畑村を今回の出発地とした。前回走り終えた普代村の南に隣接する村である。ここから走りだすと、普代と田野畑を結ぶ海岸線約一〇キロが未走になるが、この間は集落がほとんどなく、黒崎・北山崎の断崖がつづくばかりなので省略してもよかろうと判断した。

五月ももう下旬だが、田野畑駅の改札を出ると、思いのほか寒い。東京駅にTシャツ姿で現れたナガイさんが、しきりに寒さを訴える。そういえば、さきほど八戸線の車中から、農家の庭先にムスカリがまだよく咲いているのが見えた。東京よりも二カ月近く季節が遅いようだ。

例によって駅舎の横で自転車袋を開くが、前回とちがって、ゆっくりと自転車を組んだ。到着時間が時間なので、きょうは田野畑泊まりとし、先に荷物を宿にあずけ、身軽になって、このあたりを探索しようという算段である。

羅賀――明治の大津波の記憶

田野畑駅は海のそばの高台にあるが、駅舎を出たところに津波がここまで到達したことを示す小さな石標があった。駅から坂道を下ると、すぐに港に出るが、この平井賀《ひらいが》漁港には遡上高二五メートルの津波が襲ったことがわかっている。津波は港から坂を駆けあがり、高台の田野畑駅にまで達したのだ。

その平井賀漁港から一キロも離れていない北隣の入り江の集落、羅賀《らが》を襲った津波は、さらにすさまじかった。斜面の集落の家々を呑みこみ、海辺に立つ一〇階建ての「ホテル羅賀荘」の四階まで浸水させた。

巨大な津波石が海を見下ろしている（羅賀）

平井賀と羅賀はもともと山側を迂回する道で結ばれていたが、近年、海側にトンネルを掘って直線でつながった。おかげで商店のない羅賀の住民は買い物に行くのに便利になったと喜んだが、大津波の想定まではしていなかった。あの日、平井賀漁港を呑みこんだ津波は、トンネルに流入し、四〇〇メートル先の羅賀側の出口から小舟とともに猛烈な勢いで噴出した。つまり羅賀は、海と陸の両方から津波に襲われたのである。

羅賀は明治の大津波でも、とてつもない波が襲い、壊滅的な被害をうけている。そのとき海から打ち上げられたという「津波石」が二つ、集落の休耕地のなかにいまもある。

石といっても、タテ・ヨコ二〜三メートルもある巨大なもので、重さは何トンなのか見当もつかない。そんな津波石が海岸から二五〇メートル離れた陸地に二つ、デンと鎮座している。明治の大津波は、その巨石を波の力で海から陸に押し上げたのである。

作家・吉村昭は、三陸の大津波に興味をもち、かつて三陸海岸を取材したおりに羅賀を訪れている。そして当時まだ存命だった、明治の大津波を記憶する古老をたずねているが、古老の家は海辺の高い丘の中腹にあった。吉村は、老人から津波が家の中まで激しい勢いで流れこんできたことを聞かされたあと、庭先に出て、海がはるか眼下に輝いているのを見て驚く。そこから海面まで目測で四〇〜五〇メートルはあったと『三陸海岸大津波』に書いている。

今回の津波は、どうであったか。

東大地震研の測定では、羅賀集落を駆けのぼった津波の遡上高は二七・八メートル。明治の大津波ほどではなかったようだが、高台にある神社の階段下の民家では、玄関先に置いてあった傘立てが津波で倒れている。その家の敷地から下方に海が見えるが、吉村昭にならえば、そこから海面まで目測で三〇メートルはありそうな気がする。その家に住む八〇代の女性は、明治の大津波のときには同家の二階の屋根にコンブがひっかかっていたと、むかし姑から聞かされている。

羅賀は平地が皆無といってよく、海岸からすぐに斜面になっていて、集落は傾斜地につくられているが、海岸に近いゆるやかな傾斜地にはサラ地が目立つ。そこは人家があったところで、津波にさらわれた跡地だ。

羅賀は明治の大津波で三二戸のうち半分の一六戸が流失したといわれ、それからは海岸近くに住む人はなかった。ところが戦後、あらたに分家した人たちがそこに家を建てて住むようになった。傾斜地のため、家が建てられる場所がかぎられていたからだ。今回の津波で流されたのは、そうした家々である。

それでもほとんどの人は津波が来る前に避難したが、そうでない住民もいた。

「むかしとちがって防潮堤があるから大丈夫だと言って避難せずに、家族全員流されていった一家があったなんス。屋根の上で手を振って助けを求めているのを、どうすることもできずに、みんなで高台から見ていました」

終戦後、隣村から羅賀に嫁いできたという女性はそう言って、目を落とした。防潮堤が守ってくれるという思いは、多くの住民がもっていたようだ。羅賀には八メートルほどの防潮堤があったが、遡上高二八メートルの巨大津波にはまったく無力だった。

普通ではない地震の揺れに津波の襲来を予期した住民は多かったようだが、一一五年前の明治三陸大津波に匹敵するほどの津波が来るとはだれも思わなかったはずだ。しかし結果的に津波は、戦後、海の近くに建てられた家々を呑みこんで、かつての集落の姿にもどしたことになる。

明戸——農業に苛酷な自然環境

羅賀から崖上を海岸沿いに少し北へ走ると、無人の砂浜に、破壊された防潮堤が無残な姿のまま放置されていた。ほとんど原形をとどめておらず、バラバラに砕けたコンクリート塊が折り重なっている。その残骸のむこうに五月の青い海が何ごともなかったかのようにきらめき、静寂のなかで時間が止まったままのようだ。

ここ明戸《あけと》地区には漁港はなく、もともとキャンプ場があったらしい。海岸から内陸にむかって土地が開け、平坦な道が一本のびている。そこを行くと田畑のなかに農家が点在し、のどかな里山風景がひろがっていた。シイタケ栽培がさかんらしく、栽培用のクヌギの原木が積み上げられ、近くの林からホトトギスの鳴き声が聞こえる。狭い斜面に身を寄せ合うように人家が建つ羅賀とは対照的な風景である。

津波は防潮堤を破壊して流れ込み、田畑を水没させたが、海から一キロほど入ったところに住む女性は、そこからさらに奥にある公民館に避難して無事だった。

「近所のお年寄りが昭和の大津波のとき、ここまで波は来なかったから大丈夫だと言ってましたけどね。昔そうだったからといって、こんども同じとはかぎらないもの」

津波においては、過去の経験則が役立つとはかぎらないばかりか、かえってそれが徒《あだ》になることがあるという。つまり、津波文化というべき地域の伝承がマイナスに作用することもありうるのである。これは三陸海岸の別の集落で聞いた話だが、昭和の大津波のとき、近くの高台に避難した住民のところへ、村の長老がやってきて「今夜のように星空がまたたいている夜に津波は来ない」と言った。それで住民たちが家にもどり、ひと心地ついていると津波が襲ってきたという。

そういうことがあるから、一度高台に避難したら絶対にそこを動いてはいけないという鉄則が生まれるのだが、中途半端な経験則は非常に危険であることがわかる。

さて、明戸地区を襲った津波は、住宅全壊四棟、半壊五棟の被害をもたらしたが、羅賀とくらべると小さなものだった。海ぎわの羅賀よりも安全性が高いのはあきらかであるが、昔から人家は明戸よりも羅賀のほうが多い。ここであれば海のそばに住まなくても、いくらでも土地はある。にもかかわらず、羅賀に住むことを選択した先人が多かった。

前述のように明戸には漁港はなく農業中心の集落で、羅賀は漁業の集落である。古来、三陸の主要産業は漁業であったから、より多くの人が羅賀に居着いたのであろうが、逆にいえば農業はふるわなかった。

『新たのはた風土記』（田野畑村芸術文化協会）によると、田野畑村はヤマセの冷温による典型的な凶作地帯で、慶長五年（一六〇〇）から明治元年（一八六八）までの二六八年間に八五回の凶作があったという。ほぼ三年に一回は凶作だったことになるが、とくに餓死者が続出するような深刻な凶作を「飢渇」といった。通常「きかつ」と読むが、この地方では訛《なま》って「けがつ」という。このほうがよりリアルで、飢えのうめき声が聞こえてきそうな語感がある。

天保の大飢饉では、栄養失調で動けなくなった農民が鍬《くわ》を持つことができないので、畑に伏したままシウリ貝（ムラサキ貝）の殻で土を掘って種をまいたり、毒キノコを灰汁《あく》で煮て、さらに三日ほど川にさらして毒抜きして食べたなど、『新たのはた風土記』は、この地に伝わる「けがつ」の記憶を伝えている。

暮らしの糧を農業に託せないのであれば漁業に向かわざるをえないが、農業に苛酷な自然環境は田野畑村にかぎらない。三陸地方全体がそうであろう。と考えるならば、津波常襲地である三陸に人びとが居着くようになった理由のひとつは、農業では満足に食べていけなかったからではないか。ヤマセ吹く凶作地帯であることが、津波と背中合わせで生きていく海の民を生み出したのかもしれない。

島越――津波が怖くて漁師はつとまらねえ

そんなたくましい海の民を思わせる漁師に会ったのは翌日だった。

田野畑駅から曲がりくねった県道をたどり、トンネルを二つ抜けると、島越《しまのこし》集落に着く。ここは津波で全壊家屋一二一棟の被害を出しており、これは田野畑村の全壊家屋の半分以上を占めている。

その島越で話を聞いた六〇代の漁師は、あの日、沖に出ていた。なにも知らずに港にもどってくると、地震があったことを知らされ、あわてて自宅にもどり、奥さんとともにイヌ二頭とネコ一匹をつれて近くの高台に駆け上がった。やがてどす黒く異様に盛り上がった波が迫り、眼下の集落に襲いかかったが、その瞬間、自宅がバラバラになるのを見ている。津波は家屋を押し倒したのではなく、爆弾でも投下したように一瞬で破壊したという。波が引くと、家々の形跡も、止めてあったクルマも何もかもなくなっており、高さ二〇メートルほどの港の建造物の屋上に畳が一枚ひっかかっていた。

「みごとだ。あれは、みごとだとしか言いようがない」

彼は津波襲来時の光景をそう言い表した。その後、テレビで各地の津波映像を見たが、「あれよりもすごい津波はどこにもなかった」という。たしかに、せりあがった津波が防潮堤を乗りこえて海水が入りこむ様子を捉えた映像はよくある。だが島越の場合は、外海から迫ってきた津波がなんの障壁もないかのように、そのまま集落を直撃したというのだ。

島越にも八メートルほどの防潮堤があった。しかし、津波はそのはるか上を通過した。それを裏づけるデータがある。震災後、岩手県が県内の主要防潮堤四四カ所について調査した結果、三九カ所で津波は防潮堤の高さをこえていたことが判明。そして、津波の水位と防潮堤の高さの差が二番目に大きかったのが島越であった。その差、約一二メートルである。

島越では現在、高さ一四・三メートルの防潮堤をつくる計画が進められているが、津波襲来の一部始終を見ていた目には、防潮堤の効力にたいして甚だ懐疑的である。

「二〇メートルの防潮堤を建てても、三〇メートルの津波が来たらどうしようもない。同じことだよ。そんなことにカネをかけるよりも、さっさと逃げたほうがいい」

そう言う島越の漁師は、被災者の多くが高台の仮設住宅に入ったなかで、自宅のあった土地にバラックの家屋を建てて暮らしていた。仮設住宅の住人になる気はないようだ。明治や昭和の大津波のあと、いったんは高台に移住した漁師が何年かするうちにまた海辺にもどって住むようになった、という話は多くの集落で聞いたが、島越もそうだったらしい。

「この海で漁をやる以上、津波が怖いと言っていたら漁師なんかつとまらねえ。陸《おか》に上がったところで、漁師にできることなんかないしね」

べつに強がっているとも思えない口調でバラックの住人は言うのである。

鵜の巣断崖の上と下

海で稼ぐのが漁師であっても、クルマで港に通えば職住分離は充分可能だろうし、実際にそうしている漁師は少なくない。したがって、漁師だからといって必ずしも海辺に住む必要はないと思っていたが、そのあと、いや、コトはそう単純ではないのかもしれないと考えが変わった。それは島越の南三キロほどのところにある三陸海岸有数の景勝地、鵜《う》の巣《す》断崖《だんがい》を見にいったことと無関係ではない。

島越から先の海岸は切り立った断崖がつづき、海岸沿いに道はない。やむをえず息を切らして高低差二〇〇メートルほどの山道を上がって国道45号線に出た。しばらく国道を南下したところで、案内板にしたがって東に折れる一本道に入り、ここを行くと鵜の巣断崖に着く。

要するに大回りを強いられるのだが、その直線状にのびた一本道の両側は青々とした牧草地が広がり、サイロのある農家も見られる。起伏のない、ほぼ真っ平らな道を走っていると北海道にでもいるような錯覚をおぼえる。その先に太平洋があり、垂直に切れ込んだ断崖になっていることが、この牧草地帯の風景と結びつかない。

ずっと走っていくと、やがて道は林に入り、林を抜けると遊歩道がのびている。そこを歩いていくと、道は不意に終わり、まぎれもない断崖の上に出た。ここで地上世界は終了する。おそるおそる首をのばして下をのぞき込むと、はるか下方の岩礁に白い波が砕けている。切り立った二〇〇メートルの断崖は、陸の上と海岸とを完全に隔絶しており、さきほどの牧草地の延長線上に海はないのである。

国道45号線を走っていると、ここが三陸の被災地であることを忘れてしまう。そこには海も漁港もないからであるが、国道沿いに点在する農家にとっては、あの日、海辺の集落を襲ったどす黒い大津波も、人びとの阿鼻叫喚《あびきょうかん》も、いってみれば、あずかり知らない断崖下の出来事であった。

海岸から一〇〇メートルか二〇〇メートル上がれば、津波の恐怖から解放され、安全が確保される。だからどの沿岸被災地も住民の高台移転計画を進めているのだが、三陸海岸の場合、海辺と断崖上の連続性がとぼしい。その隔絶感は、自転車で走るとより実感できる。古来、断崖の上と下ではおそらく別個の暮らしが営まれており、結びつきは希薄だったのではないか。おおげさにいえば、世界がちがうのである。海辺で生きてきた漁師にとって断崖の上は、一〇〇メートル、二〇〇メートルという数字以上の大きな距離があるような気がする。

鵜の巣断崖から45号線にもどり、しばらく上ったり下ったりをくりかえしていると、やがて宮古市に入った。

宮古市は広域で、市の中心部はまだかなり先だが、少しいったところに保養施設「グリーンピア三陸みやこ」がある。テニスコートや体育館などがあり広い敷地をもつこの施設には、震災後、四〇〇戸の仮設住宅ができ、多くの被災者が暮らしている。敷地内の仮設商店街「たろちゃんハウス」には、食品店、精肉店、理容室、美容室、文具店などにまじってＫＵＭＯＮの学習塾もある。

その一角の食堂で遅い昼食をとったが、たまたま相席になった初老の男性は宮古漁協の元職員であった。元職員は、津波に襲われても海から離れられない漁師の習性について、

「結局、海に助けられてこれまで生きてきたからです。海のおかげで食べてこられたのが漁師です。だから、かれらは海を恨むことができないし、恨んでいたら暮らしが成り立たないんですよ」

と言ったあとで、今回の震災を機に漁師をやめる人が少なくないことをつけ加えた。もともと高齢化していたうえに後継ぎは少なく、これからあらたに借金して船や漁具を調達するだけの

余力のない漁師が多いというのだ。

島越で話を聞いた漁師が別れ際に「復旧はできても復興はできない。働き手がいないから」と漏らしたのを思い出した。三陸の漁師が減るのは避けられそうもない。

その日はグリーンピアの宿泊施設に泊まることにしたが、週末のためか、夕方から体育館で「鎮魂の祈り」と題したイベントがおこなわれていたので、行ってみることにした。

鎮魂詩の朗読、岩手県大槌《おおつち》町の中学生歌手・臼澤《うすざわ》みさき嬢の歌、東京の女子短大生によるハンドベル演奏など、それぞれによかったけれども、中尊寺の五人の僧侶による三回忌法要の読《ど》経《きょう》のあと、壇上に立った僧侶の「法話」がお粗末であった。本日はお招きいただき云々と、来賓の挨拶で終わってしまった。こんな法話があるかと思う。

広い会場には仮設住宅の住民（主に田老地区の人たち）が家族づれで多数来ていたが、そのなかにひとり、ときどき目頭を押さえ最初から最後まで膝の上で手を合わせたまま、じっとステージを見つづけていた女性の姿が印象的であった。

小堀内——人影のない漁港

翌朝、宿を出ると、そのまま海へ向かった。グリーンピアから細い道を下っていくと、小堀《こぼり》内《ない》漁港がある。ここには遡上高三七・九メートルという、とてつもない津波が来たことがわかっている。東大地震研の調査による数字だが、これは一〇階建てビルの高さに相当する。

急坂を下って着いてみると、そこは無人の小漁港で、人影はない。一面に濃霧がたちこめており、あたりの様子がよくわからない。ひんやりとした空気につつまれていて、ああ、これがヤマセかと気がついた。

港といっても、コンクリートの護岸があるばかりで、建造物はなにもない。船は陸にひきあげられたボート大のサッパ船（「笹の葉船」の略と言われる）が数艘あるだけである。

少し霧が晴れてきたが、港の周囲は切り立った崖が迫り、もろくなった岩肌から剝がれ落ちた鋭角の石が無数に転がっている。波打ちぎわの岩場には、いたるところ異様に繁殖したコンブがヘドロのようにへばりつき、黒ずんだ波が不機嫌そうに岩を洗っている。濃霧のなかから立ち現れてきたのは、冥界の入り口のごとき陰惨な光景だ。

「えらいところだね」とナガイさんは言ったきり黙っている。

見上げると、崖の上の木に漁具らしきものがひっかかっていた。二年前、強烈な津波をくらってから、まだ復旧の手が入らず、放置されたままになっているらしい。そのあいだに自然の復原力がこの無人漁港を侵食しているように見える。津波は護岸のテトラポットを砕き、潮風は岩を風化させ、コンブはその生命力のままに繁殖をつづける。過疎の村の里山が、人の管理が放棄されたときから自然林にもどっていくように、浜辺も人の出入りがなくなったときから、自然に還っていくのであろう。

来た道をひきかえし、急坂を登っていくと霧はなくなり、仮設住宅の並ぶグリーンピアが見

濃霧がたちこめ静まり返る小堀内漁港（宮古市田老）

えてきた。冥界からもどってみると、青空が広がっていて、45号線はあいかわらず多くのクルマが行き交っている。

その45号線を田老へ向かった。

田老は総距離二・四キロメートルという世界に類例のない防潮堤を築いた町として知られる。津波という自然現象にたいして人工建造物で立ち向かった町である。

田老――世界一といわれた防潮堤

震災から二年たった被災地の姿とは、ひと言でいうとサラ地の広がりだ。瓦礫は撤去され、倒壊した建物もなく、だだっぴろい空間が広がっている。

一見すると、そこはもともと人家がまばらだったかのように思うが、震災前の町を写した航空写真などを見ると、三陸の町はどこも海と山にはさまれた小さな平地に家々がぎっしり建ちならんでいる。その家並みは、わずかな隙も埋め尽くすように山際ぎりぎりまでせまっているが、そうした三陸のかぎられた平地をことごとく波でさらったのが今回の大津波だった。

震災前、人口四四〇〇人だった田老では、流失・全壊家屋が九七九棟と全体の三分の二に達し、死者・行方不明者は一八五人を数えた。だが、その被害の大きさ以上に今回の震災で田老が注目を集めたのは、世界一といわれた防潮堤が津波を防ぐことができなかったからである。

田老は新旧ふたつの防潮堤に守られた町だった。

昭和三三年に完成した旧防潮堤は、平地のほぼ中央を北から西へゆるやかにカーブしながら一三〇〇メートルにわたってつづいている。役場や学校はもちろん、住宅も、もとは防潮堤の山側にあり、海側には漁業施設や事業所がおかれたが、その後、海側にも住宅が増えてきた。そのため、昭和三〇年代後半から五〇年代にかけて海側にもう一重、新防潮堤が築かれることになった。こちらの長さは一一〇〇メートル。新旧合わせると、総延長は二四〇〇メートルになる。高さはどちらも海面を基準にして一〇メートルである。

家屋が建ちならんでいた震災前はそうではなかっただろうけれども、サラ地が広がるなかでは防潮堤の長大さがいっそう際立って見える。

旧防潮堤の上は幅三メートルほどあり、そこを自転車で走っていくと、一カ所で新防潮堤と接しているが、新防潮堤のほうへは進めない。こちらは津波によって破壊されたためだ。

破壊された田老の新防潮堤、奥の建物はたろう観光ホテル

旧防潮堤と新防潮堤は、造りがまったく違っている。旧防潮堤は、横にのびる防潮堤にたいして直角に刃物を入れたとして、切った断面を見ると台形をしている。その上辺三メートルにたいし、下辺は二〇メートル以上もあり、まことにどっしりした安定感をただよわせている。実際、この形状の防潮堤は非常に堅牢らしく、見たところ傷跡があるくらいで、破損は見られない。普代村の一五・五メートルの防潮堤もこのタイプである。

それにたいして新防潮堤は、屏風のように垂直に立ち、上部に波かえしの反《そ》りがついていた。三陸にかぎらず各地の海岸でよく見かける形状であるが、今回の津波ではまったく用をなさなかった。

もっとも、旧防潮堤も壊れはしなかったが、津波を防ぐことはできなかった。田老を襲った津波は最大二〇メートル。一〇メートルの遮蔽《しゃへい》ではどうすることもできなかったのは明白である。

「ただですね、防潮堤というのは本来、津波をシャットアウトするものではなくて、押し寄せてきた波をそこである程度くい止めて、逃げる時間を稼ぐためのものなんです。それがいつのまにか、防潮堤は津波を防いでくれるものだと、みんな思い込んでしまって」

と、これは地元震災ガイドの説明だ。そうなのかもしれないけれども、いまそう言われると「負けおしみ」のように聞こえる。

ふつう防潮堤は海岸に押し寄せる大波の侵入を防いでくれるものだと思われているし、それは田老の住人にとっても同じだった。しかも田老の場合、昭和三五年のチリ地震津波では被害はなかった。これは旧防潮堤の完成から二年後のことであり、「田老のスーパー防潮堤」の威力を広く知らしめる絶好の機会となった。その後、前述のように二重の防潮堤になったこともあり、田老はあたかも鉄壁の津波防御機能をそなえた町であるかのようにみられていた。

それだけに今回の津波被害は、田老の住民にとって大きなショックとなった。しかも、スーパー防潮堤は津波を防げなかっただけではない。防潮堤を過信して逃げ遅れたばかりか、津波を見ようと、わざわざ防潮堤に上がり犠牲になった人もいたという。長大な防潮堤がかえって徒《あだ》になったというのだ。

津波の直撃をうけて無残な鉄筋がむきだしになった「たろう観光ホテル」では、あの日、経営者の男性がビデオカメラで撮影したきわめて貴重な四分間の映像を公開している。港から数百メートルのところに建つホテルの最上階の窓から港の方向にレンズをむけたカメラは、どす黒く盛り上がった異様な海をとらえるとともに、防潮堤の陸側をゆっくりした動きで歩く老人の姿を映し出していた。老人には高い防潮堤にさえぎられて海の様子がまったく見えていないのである。

そればかりではない。防潮堤の壁際の道を進む消防の広報車も津波が近づいていることに気づいていないらしく、避難を呼びかける声に切迫感はない。

尋常ならざる事態が迫っているのを知っているのは、海が見える場所にいるホテルの経営者である。

「早く逃げてーッ、逃げないと津波が来るぞぉーッ」

六階の窓から老人にむかって叫ぶ経営者自身の声が映像とともに録音されているが、その声は老人の耳にとどいていない。映像に映るその動きは　見ているほうが苛立つほど緩慢だ。まもなく津波のうねりが田老港を呑みこみ、「うわあぁ……」という経営者の声のあと、係留された漁船が立てる甲高い軋《きし》み音とともにゴーッという轟音につつまれて映像は途切れた。高さ一〇メートルの防潮堤を軽々と越えた津波は、ホテルの三階の床を突き破って四階まで達し、波しぶきは六階の窓から室内に入りこんだという。

この映像を見るかぎり、高い防潮堤が徒になったことは否定できない。

予想の高さは三メートルだった

田老を襲った津波は、最大波高二〇メートルだった。しかし、二〇メートルの津波の襲来を予想した人はいなかったはずだ。

あの日、東北地方を襲った大地震のあと、すぐにテレビが気象庁の津波警戒を伝えたが、当初、予想の高さは三メートルだった。この数字は、あとで修正されたが、地震後に停電になった地域も多く、情報は正確に伝わっていない。そのため、三メートルの津波が来ると思い込んだ人が多かったという。

高さ一〇メートルの防潮堤をはりめぐらせた田老の住民が、それならまあ大丈夫だろうと考えても不思議はなかった。避難するどころか津波を見るために防潮堤まで出かけていった人がいたというのは、こうした事情もあってのことであろう。

田老では明治二九年の大津波で高さ一五メートルの津波に、昭和八年の大津波で一〇メートルの津波に襲われ、いずれも甚大な被害を出している。外海から湾が深く入りこんだ地形のせいで三陸でも田老は昔からとくに津波被害の大きいところとして知られていた。

だからこそ長大な防潮堤が築かれることになったのだが、いまでは昭和八年の大津波を記憶する人は少なく、明治の大津波については、田老でも伝承として語り継がれている歴史上の出来事にすぎない。このとき一五メートルの津波に襲われたことは知識として知っていても、経験則による記憶ではない。したがって、二〇メートルもの大津波が来ることをイメージすることは困難だった。まして、津波の予想は当初三メートルにすぎなかったのである。

そうしたことを考えると、町の平坦部がほぼ水没するほどの津波襲来をうけながら、よく死者・行方不明者一八五人という被害で済んだという気がしてくる。

というのも、明治の大津波で田老は一八六七人の犠牲者を出している。実数にして今回の津波被害の一〇倍、当時の町の人口のじつに八割以上が津波に呑みこまれて命を落としたのである。

なぜ、これほどとてつもない被害を生んだのか。

明治二九年六月一五日に起きた明治三陸大津波をひきおこした地震は、典型的な津波地震だったことがわかっている。津波地震というのは、揺れが小さいにもかかわらず大きな津波を発生させるタイプの地震のことだ。この日は旧暦五月五日の節句で、地震発生は午後七時半ごろ。どの家でも端午の祝いの夕餉《ゆうげ》を囲んでいたとき、三陸地方でゆったりした揺れが長くつづいた。震度は2か3程度だったと考えられている。そのため津波の発生は予想されず、したがって避難した人はほとんどいなかった。

そこへ、地震発生から三〇分ほどたったとき、三陸沿岸をとてつもない津波が襲った。岩手県南部の気仙《けせん》郡綾里《りょうり》村（現・大船渡市）で三八・二メートル、同郡吉浜《よしはま》村（同）で二二・四メートル、下閉伊郡重茂《おもえ》村（現・宮古市）で一八・九メートルなどの記録が残っている。

被害は青森、岩手、宮城の三県におよんだが、とりわけ岩手県が甚大だった。当時、人口六五〇〇人だった釜石町（現・釜石市）では町民の六割が命を失い、海辺の小集落ではムラごと全滅したところもあったという。沖へ漁に出ていた漁師が翌日もどってきたらムラがなくなっていたとか、壊滅した集落を翌朝、捜索隊が歩いていると、どこからか赤ん坊の泣き声が聞こえるので、見上げると大木の先にひっかかっているのを発見した、といった話が各地に伝わっている。

そうした三陸沿岸の被害のなかで、もっとも激甚をきわめたのが田老だった。昭和四六年発行の『防災の町』（田老町教育委員会）にはこう記されている。

〈惨死したもの実に千八百五十余で、生存者百八十三人に過ぎない。中でも六十人は出漁中で難を免れ、二、三十人は牛馬をつれ山に在ったので、九十名内外が津波から辛うじて生存したもので、七十余人の重傷者を引去れば、僅々二十人程が無事といえる。実に悲惨の極《きわみ》である〉

明治三陸大津波と今回の大津波をくらべると、三陸沿岸を襲った津波の高さは今回のほうがやや上回っており、田老も前述のように明治大津波が一五メートル、今回は二〇メートルだった。津波への防御機能は、明治時代には防潮堤はなく、せいぜい防潮林があったくらいと思われるが、今回、防潮堤は津波の侵入を防ぐという意味では用をなさなかった。つまり、防衛機能が無力だったという点で明治大津波も今回の大津波も同じだ。

ならば、明治と今回で何が異なっているかというと、人びとが避難したか、しなかったか、それしかない。今回、田老の人的被害が明治大津波の一割だったのは、多くの住民が避難したからである。

記憶はなぜ風化するのか

田老は津波対策を長大な防潮堤だけに依っていたわけではない。田老では二八カ所もの高台避難場所とそこにいたる階段が整備され、町のどこにいても一〇分で避難できる街づくりがなされていた。

しかも、すみやかに避難できるように道は碁盤目状に整備され、道が交差する十字路の四隅をななめにカットして人やクルマが出合い頭にぶつからないように工夫されていた。家屋が建ち並んでいたらそれはわかりにくいであろうが、防潮堤の上からサラ地となった市街地を眺めると、十字路ごとにきちんと隅切りが施されているのがよくわかる。昭和八年の三陸大津波のあとから、こうした防災に強い街づくりを進めていた。

ハード面の整備ばかりではない。田老では住民による自主防災組織の育成に力を入れてきたほか、町をあげての避難訓練や小・中学校での防災教育など熱心に取り組んでいた。じつは、3・11の八日前にも合同避難訓練をおこなったばかりだった。これは昭和八年の三陸大津波の発生が三月三日だったことにちなみ、毎年この日に避難訓練を実施していたからである。

田老では総延長二・四キロメートルにおよぶ長大な防潮堤を築くいっぽうで、長年こうした防災対策に取り組んできており、決して防潮堤だけで事たれりとしていたわけではない。だから、あの日、多くの住民は高台に移って難を逃れることができた。

もし住民が逃げていなければ、どうなっていたか。それを端的に示すサンプルが、人口の八割以上が犠牲になった一二〇年前の明治大津波であろう。大津波に襲われたとき、被害を最小限に抑える方法はおそらくひとつだけで、それはすみやかに避難すること。田老を襲った明治と平成の二度の悲劇は、それを教えてくれている。

ちなみに昭和八年の三陸大津波では、震度5の強震のあと津波が三陸沿岸を襲い、岩手県だけで死者・行方不明者二七一三人を出した。このうち田老の犠牲者は九一一人を数えた。これは当時の田老の人口の三二パーセントにあたる。

昭和八年というと明治大津波から三七年後で、教訓が風化するには早いと思われるが、なぜ田老の惨劇はくりかえされたのだろうか。もっといえば、地震のあと人びとはすみやかに避難しなかったのはなぜか。このとき地震発生は午前二時半ごろで、人びとは寝静まっていた時間帯だったが、震度5の強震に揺さぶられて飛び起きたはずだ。逃げることができたのに、逃げ遅れた人は少なくなかった。

じつは、このくりかえされた惨劇にはある要因が考えられるという。

民俗学者の山口弥一郎は昭和大津波のあと、当時まだ交通の便のままならなかった三陸沿岸を丹念に歩いて聞き取り調査をおこない、『津浪と村』を著している。そのなかで山口は、三陸の村々で明治大津波の教訓の伝承がきちんとなされなかった可能性を指摘している。

どういうことかというと、津波で壊滅状態になった地域では、一家全滅になった家が少なくない。こうした場合、その家の親戚縁者が継ぐことになり、被災地以外から人びとがやってくることが多い。そうやって各地から集まった、いわばよそ者たちによって村が再興される。そのため、まずかれらは津波のおそろしさを身をもって経験していない。また伝聞による知識はあっても、それはもっぱら悲惨なエピソードで占められ、実際に地震に見舞われたとき、どう行動すればよいのかといった重要な教えが継承されていなかったのではないかというのである。

田老では明治大津波で罹災戸数三三六戸中、一三〇戸が一家全滅になっているが、要するに生き証人が少なくなりすぎて教訓の継承に支障をきたすほど明治大津波の被害は甚大だったことになる。

『津浪と村』によると、明治大津波のあと田老では義援金を投じて高台を造成し、人家を移転させようと計画されたが、資金がつづかずに頓挫。結局、人びとはもとの居住地にそのまま暮らすことになったという。そして大津波のリアルな記憶が、よそから集まった多くの新住民によって希釈されていき、明治が遠い過去になりつつあった昭和八年にふたたび大津波に襲われたのだ。

二度にわたる激甚災害に見舞われた田老は、防潮堤建設に乗りだす。工事は震災からちょうど一年後の昭和九年三月に始まり、戦争による中断期間をへて、三三年に一三〇〇メートルの弓状に延びる防潮堤が完成した。これが旧防潮堤だが、その海面からの高さ一〇メートルは、田老を襲った昭和大津波の高さに準じている。

あらためて、その旧防潮堤を見てみると、経年のせいかコンクリートが黒ずんでいるものの、あれだけの津波襲来をうけながら、ところどころ傷跡がみとめられるくらいで、破損箇所は見あたらない。これと対照的なのが、昭和四〇年代以降に旧防潮堤の海側にもう一重張りめぐらせてつくられた新防潮堤である。こちらは無残に打ち砕かれて原形をとどめていない。

田老の防潮堤は強度の点で大津波に耐えた旧防潮堤と破壊された新防潮堤で明暗を分けたが、それよりも注目したいのは、旧防潮堤の海側にもうひとつ新防潮堤が築かれた経緯である。

前述のように旧防潮堤は昭和八年の大津波のあとに計画され、戦後の昭和三三年に完成した。当初、防潮堤の海側に人家は建てられないことになっていたが、そこに少しずつ人家が増えていったらしい。そのため、海側にも新しい防潮堤が築かれることになったのだが、これはもともと昭和三五年のチリ地震津波を契機にはじめられた事業だった。

チリ地震津波では田老は被害がなかったが、この津波襲来を受けて国は昭和三六年から海岸保全・高潮対策関連事業を実施し、田老でも新たな防潮堤計画が進められた。ということは、旧防潮堤の完成から数年後にはもう海側に人家が建っていたことになる。つまり昭和八年の大津波から三〇年もたたないうちに、海側に住んではならないという禁は破られていたのである。

明治大津波で人口の八割以上を失い、昭和大津波でふたたび人口の三割以上を失う甚大な被害に見舞われながら、人びとはなお海辺に住むことをやめなかった。田老に築かれた特異な二重防潮堤は、記憶の風化の早さと自然災害の戒めを継続することのむずかしさを物語っている。

今後も継承される防潮堤

万里の長城にたとえられた防潮堤に寄せる田老の人びとの誇りは、今回の大津波によって砕かれたが、田老で防潮堤そのものが否定されるようになったかというと、そうではない。

「もし防潮堤がなかったら、被害はもっと大きかったはずだ」と年配の男性が言ったが、これは田老の多くの住民に共通した思いではないか。旧防潮堤は壊れなかったのだから、海面から一〇メートルの分だけ市街地への海水流入を防いだことになる。また、流入するまでに多少とも時間を稼ぎ、その間に人びとが避難できたとも考えられる。

実際に田老の防潮堤が津波にたいしてどのくらいの効果をもたらしたかを検証するのはむずかしい。ただ、同じ岩手県の釜石市に築かれた湾口防波堤については、これによって市内の浸水を六分遅らせたとする港湾空港技術研究所のシミュレーション結果がある。

この釜石港湾口防波堤というのは、釜石湾の湾口部に北堤（九九〇メートル）と南堤（六七〇メートル）の二つの長い堤防で湾内を守るようにしたもので、水深六三メートルの海底に基礎を打ち込んで築かれた。海面からの堤の高さは六メートルである。着工が昭和五三年（一九七八）で、完成したのが平成二一年（二〇〇九）。三〇年の歳月と一二〇〇億円の巨費を投じておこなわれた国の直轄事業であり、平成二二年には「世界最大水深の防波堤」としてギネスブックにも認定された。

この巨大防波堤も、完成からわずか二年たらずで今回の津波によって破壊された。だが、まったく役に立たなかったとは言い切れない。市街地への浸水を六分遅らせたとの分析とともに、湾内を襲った高さ一四メートルの波が堤防によって八メートル程度になったという報告もなされている。

三陸沿岸の防潮堤は、わずかな例外をのぞいて破壊されてしまったために、このコンクリート建造物を全否定するかのような声も聞かれ、目下、防潮堤は分が悪い。しかし普代村や田老の、あの大津波に耐えたコンクリート壁のザラつきを手でじかに触れていると、世間の批判が向けられがちな防潮堤がなにやらしのびなくなってくる。これまで小さな津波や台風の高潮を何度も防いできたであろうに、その功績も今回の大津波がさらっていった格好だ。

現在、復興事業を進めている田老では、町を南北に走る国道45号の西側（山側）を四メートルかさ上げして住宅地にするとともに、浸水の激しかった国道東側は非可住地とされた。その地域に住んでいた住民は、町の北部に造成された高台に集団移転することになった。防潮堤については、海側に高さ一四・七メートルの堤が新たに築かれるいっぽう、旧防潮堤は地盤沈下した七〇センチ分高くする改修工事が進められている。

一五メートル近い高さの新防潮堤には「要塞みたいだ」といった批判もあるが、ともあれ田老の二重防潮堤態勢は、海側の防潮堤が以前にもまして高くそびえるかたちで今後も継承されていくことになる。

「またここに住みますよ」

あちこちで重機が稼働する埃っぽい市街地を抜けて少し登ったところに小学校があった。その入り口に昭和大津波の翌年に建てられた「大海嘯記念碑《だいかいしょう》」があり、石面にこう刻まれている。

一　大地震の後には津浪が来る
一　地震があったら此処へ来て一時間我慢せ
一　津浪に襲れたら何処でも此の位い高所へ逃げろ
一　遠くへ逃げては津浪に追付かる
一　常に近くの高い所を用意して置け

二番目の「此処へ来て一時間我慢せ」は、いったん避難したあとで貴重品などを取りにもどったところを津波に襲われることが多いという津波災害特有のパターンを指摘しており、重要な教訓であろう。

三陸沿岸各地で見かける津波警告碑の多くは昭和大津波のあとで建てられているが、いままでは昭和八年の津波を直接知る人も少なくなった。だが、小学校からふたたび市街地にもどり、広がるサラ地の一画でたまたま話を聞いた年配の男性は昭和大津波を記憶していた。

「当時八歳でしたから、断片的にしか覚えていませんけどね。あのときも田老は大変で」

大正一五年生まれ。「元漁師」と本人は言ったが、肌は白く漁師のそれとは見えず、おだやかな話し口調に訛りはない。漁師は漁師でも、代々網元の旧家のご隠居といった風情である。

あの日までそれ相応のお屋敷があったであろう敷地で、男性はささやかに野菜を育てていた。背中を丸めてスコップを使いながら、

「ジャガイモをね、植えているんですよ。ときどきこうしてやってきてね。狭い部屋に一日いても、することがないから」

現在「グリーンピア三陸みやこ」の仮設住宅暮らし。六畳と四畳半の部屋に、奥さんと、老夫婦を心配して身を寄せてくれた娘さんの三人で暮らしている。

八歳のときと八五歳のときと人生で二度の大津波を経験した男性は、そのめぐり合わせを恨む様子はない。さいわい自宅のあった場所は、国道の西側で可住地となった。震災後、田老を離れていった住民も少なくないというが、男性にその気はないらしい。

「かさ上げ工事が終わったら、またここに住みますよ。やっぱり、ここから離れたくないね」

田老の大津波はあらゆる建造物をさらっていったが、頑強な旧防潮堤とともに、そこに根をおろした漁民のいとなみは剝ぎとられていない。

第三章　津波という「てんでんこ」

宮古―重茂半島―山田―
大槌―両石―釜石
〈二〇一三年六月〉

津波は山からも来る

今回は宮古駅が起点である。

駅から港へ向かって市街地を少し走ると、市役所のそばに石碑が立っていた。これも「津波碑」にはちがいない。「災害洪水位標」の文字の下に目盛りの線が刻まれ、いちばん上に「アイオン台風水位」と記されている。そこまで水位が上がったことを伝えているが、そのときの水は海からではなく、山からなだれ込んだものだ。

昭和二三年九月一六日、台風二一号（アイオン台風）によって宮古地方は猛烈な豪雨に襲われ、宮古湾に注ぐ閉伊《へい》川が決壊。濁流が宮古市になだれ込み、市街地は水没した。水位は場所によって六メートルに達したという。これにより宮古市の被害は死者九二人、被災住宅は五五七〇棟にのぼっている。

このとき閉伊川上流にある北上山地の最高峰、早池峰山《はやちねさん》（標高一九一七メートル）の北斜面の沢が集中豪雨で崩落し、川がせき止められ、それが大規模な土石流となって宮古市に甚大な被害をもたらした。いわゆる山津波が宮古市を襲ったのだ。早池峰山の山腹にアイオン沢とよばれる沢があるが、これはそのときに崩落した沢である。

アイオン台風の悲劇は津波が海からやってくるとはかぎらないことを教えてくれているが、三陸でも海と山の両方から津波に襲われた町はめずらしいであろう。

もっとも、この六七年前の記憶も今回の震災で霞んでしまった。今次の大津波による宮古市の死者・行方不明者は五六七人にのぼっている。

宮古市役所は閉伊川の河口部にある。あの日、どす黒く盛り上がった津波が漁船を持ち上げながら防潮堤をこえて流れ込む光景を至近距離からとらえた宮古市の映像をテレビで見た記憶があるが、あの映像は市役所の上階から撮ったものだったことが現地に来てみるとわかる。

市役所からしばらくペダルを踏むと、宮古港に出た。

大きな魚市場と製氷工場があり、岸壁に停泊した大型漁船のまわりにウミネコが群れている。ありふれた漁港の眺めであるが、ここまで三陸の沿岸をずっとたどってきた目には、どうもしっくりこない。背後に山が迫っているわりに港の全景が妙に解放感をもって映るのは、港周辺にあった多くの建造物が津波で流されたせいもあるけれども、それだけではない。

ここには三陸海岸に当然あってしかるべきものがない。じつは宮古港を囲む、ここ鍬ヶ崎《くわがさき》地区には防潮堤がないのである。

鍬ヶ崎――「そんなものいらねえ」

「このあたりはね、昔からないんですよ。防潮堤をつくるべ、という話は前からあっただども、漁師がみんな反対するんだね。あれができると不便になるからなあ」

港のはずれで陸揚げしたサッパ船のロープを巻いていた男性が言ったが、漁師が防潮堤を好まないことは、ここに来るまでにもたびたび耳にしていた。防潮堤ができると、ところどころに設けられたゲートをくぐらないと港に出入りできないため、自宅から漁船の係留場所まで行くのに、えてして大回りを強いられる。さらに、すぐ山と背中合わせの三陸沿岸で防潮堤を築くことは、それによって貴重な平地を失うことを意味しており、サッパ船の置き場や漁業の作業スペースの減少を余儀なくされる。

それでも防潮堤がつくられてきたのは、いわば命には代えられないからであろう。だが、どうしたものか、ここ鍬ヶ崎地区には防潮堤ができなかった。漁師が防潮堤を歓迎しないのはどこも同じだから、この地区では背に腹は代えられぬといった切迫感が乏しかったのではないか。

おそらく明治や昭和の大津波で被害が比較的小さかったのであろう。

「ここは昔からまとまりが悪いんだ。おれのじいさんの代からそうだ。なんでも反対するんだよ、ここの住民は。こんどの震災でやっと防潮堤ができることになったけど、完成するのはいつのことやら」

港から少し離れたサラ地に腰をかけていた男性は、漁師ではないのか、そんな憎まれ口をたたいたが、どうやらここにも防潮堤が築かれることが決まっているらしい。しかし、これまでノーガードで海と向き合ってきたことを悔い改めるほど鍬ヶ崎地区が今回の津波で壊滅的な被害を出したかというと、そうではない。同地区の死者・行方不明者は六五人。これは田老地区と比較すると、実数でも人口比でもずっと少ない。

鍬ヶ崎はいくつかの集落に分かれているが、四〇世帯一一〇人が暮らす角力浜《すもうはま》では、沖で漁船ごと波に呑まれた犠牲者一人をのぞく住民全員が避難して無事だったとしてマスコミでとりあげられた。この集落では日ごろから避難訓練に熱心で、住民が助け合って高齢者をリヤカーで搬送するなどの実践的な訓練をおこなっていた。

この角力浜にかぎらず鍬ヶ崎地区に行ってみると、背後の崖に垂直にのびたような階段の避難路がいくつも見られる。以前は建ち並んだ家々に隠れてよくわからなかったそうだが、「津波で家屋が流されてみると、たくさんの避難路があることがあらためてわかった」と地元住民のひとりが感慨深げに言う。

つまり、ここでは防潮堤をもたないかわりに、近隣ごとに自衛手段として避難路を確保していたのだ。実際、あの日、多くの住民がそこを駆け上がって事なきを得ている。

そうしたことから、むしろ防潮堤をもたなかったことが日ごろの防災意識を高め、震災当日も緊張感のある避難行動を生んだと鍬ヶ崎を称賛する声が高まった。これは一見堅牢なコンクリート壁が自然にたいする慢心と油断を生むという反防潮堤のメッセージでもある。

こうなると、分が悪いのは田老だ。あれだけ長大な防潮堤を築いたにもかかわらず、鍬ヶ崎の三倍ちかい一八五人もの犠牲者を出した。犠牲者それぞれに理由があったにせよ、要するに逃げ遅れたための悲劇であった。その逃げ遅れの大きな要因として考えられるのが防潮堤への過信だった、と多くのメディアが伝えている。

だが、田老と鍬ヶ崎というきわめて対照的な二つのエリアをサドルの上から眺めてみたかぎり、少なくとも鍬ヶ崎の是をもって田老を非と論じることには違和感をおぼえる。

この二つの地区は、地形もちがえば、襲った津波の高さも異なる。田老は小さいながらある程度の広がりをもった平野部であり、鍬ヶ崎は集落の背後に山が迫った狭隘な地だ。自主避難路の階段はそうした地形ゆえに生まれたもので、いざというときはそこを駆け上がれば避難できてしまう。避難移動による逃げ遅れの心配は少ない。

鍬ヶ崎に長大な防潮堤は必要なく、また田老で防潮堤を取り払って避難路ばかり増やしたら住民は戸惑うであろう。まったく異なる二つの地区をならべて津波にたいする構えの是非を論じてみても意味をなさない。

目を向けるべきは、宮古市というひとつの市のなかに津波にたいする構えがまったく異なる二つの地区が存在していることではなかろうか。何十年という歳月と巨費を投じて巨大防潮堤を築いた田老、「そんなものいらねえ」と漁師の流儀を押し通してきた鍬ヶ崎。両極端なちがいは、すべて複雑に入り組んだリアス式海岸の多様な地形に起因しており、それは最大公約数的な津波対策が有効ではないことを示している。

浄土ヶ浜——半島を横切る津波

鍬ヶ崎を襲った津波は八メートルだった。田老の二〇メートル、田老の北にある小堀内漁港の三七・九メートルを考えると、小さく感じるが、津波がもたらす驚異的な現象は八メートルあれば充分である。

「あそこの坂道を波が越えてくるとは、ハア、たまげたよ。七〇年生きてきたが、あんなのは聞いたことがない」

港で話を聞いた男性は、そう言って嘆息した。

宮古港の先に小さな半島のような陸地が海に出ていて、ここに景勝地の浄土ヶ浜がある。小半島の基部は南側の宮古港と北側の蛸《たこ》の浜《はま》に挟まれてくびれており、南北の海岸を直線で結ぶと五〇〇メートルほどだ。大津波はこの基部を越えて南北の海岸をつなげている。あの日、地震のあと蛸の浜へ船の様子を見にいった漁師が、浜から戻ろうと坂道を登っていると、背後から押し寄せた海水に足をすくわれ流された。漁師は坂道を海水に押し上げられ、そのまま下り坂に転じると加速度をともなって流されていったが、まもなく前方の宮古港から押し寄せてきた海水とぶつかって流れが止まり、九死に一生を得たという。

その蛸の浜へは、鍬ヶ崎のわずかばかりの平地を抜けて細い一本道をのぼっていくと、ほどなく着く。海岸づたいに遊歩道がもうけられた、静かな入り江である。そこへいたる道は、鍬ヶ崎側はゆるやかな登りだが、蛸の浜側はけっこうな急坂だ。道のピーク付近は墓地になっていて、そこから眼下に蛸の浜の入り江が見える。津波はここまでせり上がり、宮古港に向かって駆け下っていったのだ。鍬ヶ崎の住民は、前方の港からだけでなく背後からも山をこえて津波が襲ってきたので驚いたにちがいない。

来た道をもどると、津波に呑まれずに残った高台の家の玄関わきに腰をおろし、じっとしている老人の姿があった。そこからサラ地になった広がりが見渡せるが、そこがかつての鍬ヶ崎の中心部で、ちょっとした市街地になっていたらしい。耳の遠いその老人は、こちらの問いかけとは関係なく、サラ地に目を向けたまま、

「ここでこうしていると涙が出てきてね」

と言った。

三陸——津波てんでんこ

三陸一帯どこもそうであるけれども、この鍬ヶ崎も高齢者は多い。住民全員を無事避難させた角力浜も六五歳以上の高齢者が四割を占めるという。それだけにリヤカー利用の避難訓練が注目されるが、鍬ヶ崎といっても、そんな地区ばかりではない。

「ここにお家があったんですが、寝たきりのお年寄りをかかえていて、親をおいたまま自分たちだけ逃げられないと言って避難せずに全員流されていきました」

無事だった高台の家に住む買い物帰りの主婦が避難階段の手前で教えてくれたが、災害避難においてもっとも切実な問題は高齢者対策であろう。

釜石市唐丹町《とうにちょう》の町民の手記をまとめた『千年後への伝言——唐丹町の人々が伝えつなぐ大津波の記録』（唐丹公民館発行）は、今回の津波を経験した人たちの貴重な記録集である。これを読むと、体の不自由な高齢者がいかに多いかをうかがわせる記述が目につく。

「足の不自由な私は波にのまれて流され」

「わが家には半身不随の夫がいて」

「妻は足が悪いので心配になり」

「身体の不自由な伯父は波に流され、行方がわからず」

「足の悪いおじいさんが路上で死亡していた」

「八八歳の母は認知症のため、現在の状況がわからないらしく、『寒い、寒い』と毛布にくるまっていました」

そうしたなかで、こんな記述が目にとまった。

「私は命てんでんこを思い出し、ひとりで裏山へ逃げました」

「命てんでんこ」もしくは「津波てんでんこ」は、津波のとき、かまわないから取るものもとりあえず各自避難せよ、という三陸地方に流布する教えである。てんでんとは「てんでんバラバラ」のそれだ。津波のときは、みんなで協力しあえ、ではない。いいから自分の命ひとつ守り抜けという、いわば究極の教訓といえる。

だが、この「津波てんでんこ」、三陸に古くから伝わる言葉かと思ったら、そうではないようなのだ。事実、野田村で話を聞いた八〇代の男性は、意外にも今回の震災報道でこの言葉を知ったと言っていた。じつはこの言葉には命名者がおり、三陸出身の津波史研究家だった故・山下文男氏が平成二年（一九九〇）に初めて使った造語だという。

ただ、「津波てんでんこ」という言葉ができたのは近年としても、これが意味する教えは古くからあったとみられる。というのも、山下氏が小学生のときに経験した昭和八年の大津波で、彼の父親は子どもを残してさっさと逃げたらしい。それを妻になじられると、「てんでんこだ」と言い訳したというから、津波のときはそうするものだという地域的な教えはすでにあったことをうかがわせる。

いずれにしても「津波てんでんこ」は、待ったなしの津波のおそろしさを表しているが、高齢者の増大は三陸に古くから根づいたとみられる、このリアリスティックな教えを揺るがすことになった。てんでんこの教えは、あらかたの人がいざというとき駆け出せるだけの身体機能をそなえていなければ成り立たない。いまや、てんでんこにかわってクローズアップされるべきはリヤカーであり、いざというときの運用と段取りの構築が災害避難のカギになりつつある。

さして広くない鍬ヶ崎地区を半日かけて行きつもどりつするうち夕刻となり、宿に向かうことにしたが、確保した民宿までは少し距離がある。

宮古港からは海のむこうに大きな島影のような山のつらなりが見えるが、これは島ではなく、海に突き出た重茂《おもえ》半島だ。先が鋭角にとがった巨大な三角定規のような半島で、民宿は宮古の中心部から宮古湾をはさんでむこう側に見えている半島の海辺の集落にある。したがって海上を直線で結べばすぐだが、陸路だと細長く入りこんだ宮古湾をぐるりと迂回しなければならない。

その湾沿いに夕暮れの道をたどっていくと、海岸に小型漁船が一隻、横倒しになったまま朽ちかけていた。ここまで、破壊された防潮堤はさんざん見てきたが、津波でやられて放置されたままになっている漁船を見るのは初めてである。

湾の最奥部も防潮堤は壊れているが、程度はそれほどでもない。海面を見ると湖のようになめらかであり、海に大きく突き出た重茂半島が津波の障壁となったようだ。

半島側の海岸路に入ると道はさびしくなり、集落もまばらになって、さきほどから落ちてい

宮古湾に放置された漁船

た雨がだんだん強くなってきた。いくつかの小集落を加速して駆け抜け、本降りになりかかったころ民宿に到着した。

中に入ると〈お客様へお願い！〉として、部屋での喫煙不可などの注意事項とともに「地震・津波・火災発生時は自主的に避難して下さい」と書かれている。なるほど、ここでは宿泊客もまた「てんでんこ」でなければならない。

重茂――豊かな海

翌朝、ゆうべ頼んでおいた昼食の弁当を受けとって宿を出た。

この日、重茂半島の内陸部を横断して半島東側の漁港をいくつかめぐることにしていたが、地図を見るに、小集落が点在するばかりで、飲食店やコンビニがあるとは思えない。最近は全国どこでもコンビニがあるため、山深い林道を走破するようなサイクリングでもないかぎり、食料を持参することはあまりない。つまり、三陸には食料持参でないと走れないエリアが残っているのである。

そんなわけで弁当をたずさえ、雨あがりの靄《もや》のたちこめているなか、ナガイさんとともにペダルを踏みはじめた。

まず向かったのは重茂半島の中心地の重茂地区であるが、ここへ行くのは峠をひとつ越えなくてはならない。山林のなかを行く一本道は静かで交通量もほとんどないが、登り勾配がけっこうきつい。汗をかきかき峠にいたったが、そこから先は高原状のひらけた風景になり、ペダルも軽くなった。

点在する家々と畑のつづく県道をたどっていくと、やがて重茂地区に入り、前方にひときわ立派な建物が見えてきた。都会の体育館を思わせるような建物で、あたりの風景と多少ちぐはぐな印象もなくはないが、これは重茂漁協であった。

昨日見た、宮古港近くの高台にある宮古漁協は昭和四〇年代の小学校を思い出させる建物であったが、重茂漁協の建物は新しく立派だ。重茂はアワビ、ウニの磯漁と、ワカメ、コンブの養殖がさかんで、三陸きっての豊かな漁場と聞いていたが、それはこの漁協の建物を見てもうなずける。後日、話を聞いた釜石の漁師は、

「ああ、重茂は別格ですよ。あそこは同じ三陸でも、ここらとは海がちがう。ワカメ、コンブにしても釜石と重茂じゃ、育ちが全然ちがうんで」

重茂半島の峠に合成洗剤禁止の看板があった（宮古市）

と言ったが、釜石と重茂は五〇キロも離れていないのに海の豊かさは段ちがいのようなのだ。震災前、重茂ではアワビの水揚げが年六〇トンあったというが、これは当時の岩手県全体のアワビ水揚げ量の五分の一を占める。昔はもっとふんだんにとれたらしく、重茂の子どもたちは、おやつ代わりに磯でアワビをとって食べていたという。

それだけ海がきれいなのだろうけれども、さきほど登りの山中でナガイさんが妙なものを見つけたかのようにカメラを向けた先には、合成洗剤の使用禁止をよびかける看板が立っていた。三〇年以上も前から重茂漁協がこうしたよびかけをしてきたことはあとで知ったが、重茂の海がきれいなのは、自然のおかげだけではないようである。

高台をいく県道沿いの重茂漁協から少し進ん

だ先を海側に折れて下っていくと、重茂漁港がある。

その途中、道端に明治三陸大津波の古い石碑があり、「家屋五十戸全滅　死者二百五十名」と刻まれていた。さらに道を下って海に出る手前に「重茂小学校発祥之地」という石碑があった。そこに記された文面から、かつてここにあった小学校が明治の大津波で流失し、移転したことがわかる。そういえば、さきほど重茂漁協の近くに小学校と中学校があった。

つまり、この重茂集落は明治の大津波で甚大な被害をうけ、人びとは高台に集団移転して現在の県道沿いに集落が形成されたのである。しかしその後、もとにもどる住民も少なからずいて、ふたたび海辺に人家がつくられるようになったらしい。今回の震災で重茂は人的被害こそ少なかったものの、五〇棟ほどの建物が流されている。津波襲来による高台移転、その後の回帰をへて再度の津波襲来という悲劇のくりかえしは、三陸沿岸の集落に共通するパターンといっていい。

だが、例外的にこの負の輪廻を断ち切った集落が重茂の先にある。

姉吉——此処より下に家を建てるな

高台の県道にもどり、しばらく南下して枝分かれの細道を行くと、山中にその集落があった。姉吉《あねよし》という一一世帯四〇人ほどが暮らす小集落である。

そのまま集落を通りすぎて海のほうへ道を下っていくと、道端に古びた石碑が立っている。

姉吉の石碑前、見下ろす坂の曲がり角まで今回も津波が来た

高さ一メートルほどの小さなものであるが、今回の震災で全国的に有名になった石碑だ。石に刻まれた言葉はこうである。

〈高き住居は児孫の和楽
想へ惨禍の大津浪
此処より下に家を建てるな〉

これにつづけて明治の大津波では生存者二名、昭和の大津波では同四名のみで、ともに集落は全滅したことを伝えている。

石碑は昭和の大津波のあとに立てられたもので、もともと姉吉集落はここから六〇〇メートルほど下った海辺にあった。過去二度の大津波で二度とも壊滅状態になった姉吉では、現在の場所に集落ごと移転し、集落から少し下ったところに「此処より下に家を建てるな」と刻んだ石碑を立てて記憶の風化を戒めた。石碑の立つ場所は、明治と昭和の大津波で波が到達した地点である。戒めは破られることなく今日にいたっている。

そのため今回の震災では人的被害、人家流失ともにゼロ。あの日、姉吉の住民は全員、念のため集落よりもさらに高い県道付近まで移動し、そこでしばらく時間を過ごしている。その場所や集落から海はまったく見えない。それゆえ、姉吉の住民は津波が遡上する不気味な音だけを聞いており、浜を襲ったとてつもない津波を見た人はいない。

震災後、東北地方太平洋沖地震津波合同調査グループの調査によって、姉吉の海岸を襲った津波は遡上高四〇・五メートルに達したことがわかっている。東日本大震災が起きるまで日本の津波遡上高の最高は、明治の大津波で観測された綾里《りょうり》白浜（現・岩手県大船渡市）の三八・二メートルとされていた。今回、姉吉を襲った津波は、これを上回る国内観測史上最高である。

その巨大津波が襲来した姉吉漁港へ坂道を下り行ってみると、人影もなく、サッパ船ばかりが並ぶ小さな港であった。田老地区の小堀内《こぼりない》漁港で見たのと同様に、周辺の木々のこずえの先に漁具らしきものがひっかかっており、海水がはるか見上げる高さまで達した痕跡をとどめている。近くの高台に昔の津波犠牲者を慰霊する観音像が立っていたそうだが、コンブの乾燥小屋や小舟もろとも波がさらっていったという。

あらためて地図を見ると、V字形に刻まれた湾のいちばん奥に姉吉漁港があり、湾の外は遮る小島ひとつなく、太平洋がひろがっている。この漁港から海岸づたいの崖道を四キロほど北へ行くと、トドヶ崎という小さな岬の突端にいたるが、ここは本州最東端の地である。つまり、太平洋にせり出たでっぱりの一画がＶ字形に刻まれており、そこに侵入した津波は、切り立った両崖により狭められ、海面を盛り上げながら最奥部の姉吉漁港を襲う。

そうした容赦ない津波襲撃地であったことが集落の集団移転とそこでの定着を可能にしたのであろうが、注目されるのは、集落の氏神である目蔵《めくらかみ》神神社もいっしょに高台に移していることだ。そこに、一時しのぎではない、かつての住民たちの腹をすえた覚悟がうかがえる。さらに住民によると昭和五〇年代以降、それまで海辺にあった墓地も現在の集落の近くに移しており、姉吉では守り神、先祖ともども安全な場所に移転したのである。

千鶏——津波もてんでんこ

このような姉吉の希有な歩みは、隣の集落とくらべると、いっそう際立つ。

姉吉漁港から直線で西へ二キロたらずのところにある千鶏《ちけい》地区は、姉吉よりも大きく五五世帯約二〇〇人が暮らしていたが、今回の震災で犠牲者四〇人を出すなど重茂半島で最大の被災地となった。

その千鶏へは海岸づたいに道がなく、いったん県道にもどり山路をたどらなくてはならない。行ってみると、千鶏はサラ地が目立つ集落で、ここも港に人影はない。浜から眺めた集落の地形の印象は、前回の取材で泊まった田野畑村の羅賀に似ていて狭隘であるが、そのぶん背後の高台に駆け上がれば、すみやかに避難できそうである。

にもかかわらず多くの犠牲者を生んだのはなぜだろうか。
姉吉の住民によると、あのとき千鶏では津波を見ようと浜に出ていった人たちがいたと言い、「ここじゃそんなこと、ありえない」とつけ加えた。姉吉ではありえないことが、隣の千鶏では平然とおこなわれた。直線で二キロたらずしか離れていないふたつの集落で、これほどのちがいがあるのである。
このちがいを生んだヒントが、県道沿いにある千鶏のバス停わきの津波碑にかくれている。昭和の大津波の教訓を伝えたその石碑の文句はこうだ。
〈強い地震は津浪の報らせ
その後の警戒一時間
想へ惨禍の三月三日〉
地震があったらしばらく警戒を緩めるなと注意をよびかけているが、姉吉の「此処より下に家を建てるな」という直截《ちょくせつ》な表現にくらべると、警句としてあきらかに弱い。じつは昭和の大津波で千鶏は被害が小さかった。死者二人、流失家屋は二戸だったと伝えられており、生存者四人を残すのみで全戸流失した姉吉の惨状とは比較にならない。石碑の警句の弱さは、そのせいであろう。
昭和八年の大津波で姉吉は壊滅状態となったが、千鶏はそれほどでもなかった。この決定的なちがいが両集落にみられる津波への意識と構えのちがいを生み、今回の震災当日の住民行動に大きな落差をもたらしたと考えられるのである。

姉吉海岸と千鶏のあいだには海に突き出た小半島がある。それによって二つの集落は分断されるとともに、姉吉ではその小半島が前述のV字形地形の片側の岸壁をなしており、巨大津波を生む一因になっている。地勢のちがいによって津波は高さも海岸を襲う衝撃度も変幻自在に変わるのであろう。ノコギリ刃のごとく屈曲した海岸がつづく三陸では、ひとつとして同じ津波はない。そのため、津波にたいする恐怖や記憶の程度、津波との向きあい方や防災意識は、極端にいえば、湾ごと、入り江ごと、集落ごとにみな異なる。三陸においては津波そのものが「てんでんこ」なのである。

震災当日にみられた姉吉と千鶏の住民行動のちがいは、津波のてんでんこ性に起因しているが、そうなると容易でないのが自治体の津波対策であろう。

長大な防潮堤を築いた田老。防潮堤を拒んで自主避難態勢をつくってきた鍬ヶ崎。氏神さまもつれて集団移転し、そこに定着した姉吉。それぞれ個性的な津波哲学と対処法をもって自然と向きあってきたこの三つの地区は、いずれも現在、宮古市である。宮古市は近年の市町村合併により岩手県で最大の面積をもつ市になったが、それによって多様な津波文化地区を有するようになった。重茂半島が宮古市になったのは昭和三〇年（一九五五）にさかのぼるが、田老が宮古市に組み入れられたのは平成一七年（二〇〇五）のことだ。

実際、自転車で走っていると、行けども行けども宮古市の観があるけれども、こと災害対策において三陸津波のてんでんこ性と近年進んだ市町村合併は、基本的に相いれないように思えてならない。

山田湾——船越湾からのっこりと

千鶏からふたたび県道を南下し、海岸線の断崖上を行く曲がりくねった道をどこまでもたどっていくと、やがて道は下り坂となり山田湾に出た。

その海を見て、おやおやと思った。

そこはこれまでずっと見てきたような三陸の険しい表情をした海ではない。おだやかな湾の沖合にカキの養殖筏《いかだ》がならび、山のつらなりのむこうに雲が低くたなびいている。湾に沿ってつづく道は平坦で、海の眺めもよく、本来であれば、のんびりサイクリングにふさわしいエリアである。

海の表情が変わると、防潮堤の高さも変わった。見たところ、せいぜいおとなの背丈くらいしかなく、なにやら拍子抜けさせられる。多くは破壊されたとはいえ、ここまで見てきた、太平洋の荒波に立ち向かうかのように建造された高い防潮堤には一種の気高さのようなものがあったけれども、山田湾のそれはいかにも貧相に見える。部分的に新しく立派な防潮堤ができているが、これは震災前から整備が進められていたものらしい。

山田湾は重茂半島と船越《ふなこし》半島に囲まれて湾口が狭く、湾内はふっくらふくらんだような形を

養殖筏の浮かぶ静かな山田湾（山田）

している。湾口五〇〇メートルにたいして湾内は最大幅四キロ。いわば天然の障壁に囲まれて波は一年を通じておだやかで、昔から台風時には船の避難場所になっていたという。そうしたことから、山田湾は三陸では津波に強い湾といわれていた。実際、昭和の大津波では当時の山田村の犠牲者は七人。低い防潮堤は、安全な湾であることの証明でもあった。

ところが、今回の震災は「津波に強い山田湾」という観念を完全に覆してしまった。湾を囲む山田町の死者・行方不明者は八三四人にのぼった。これは町の人口の四パーセント以上を占めている。

「あそこから波が流れ込んできたんだ。のっこり入ってきたんだ、のっこり」

大沢地区でカキの養殖をしている男性が湾口とはちがう方向を指さして言った。〝のっこり〟とはこの地方の方言で「大量に」という意味だが、男性が指をさしたのは、山田湾の南、船越半島のつけ根のところである。

船越半島はそれほど小さな半島ではないが、陸続きのつけ根のところがくびれて非常に狭く、土地も低い。その北側が山田湾、南側は船越湾で、そのあいだは一キロほどしかない。船越湾を一〇メートルの高さで襲った津波は、ここを乗りこえて山田湾に流れ込んだのだ。

だが、多くの犠牲者を出した原因はそれだけではない。

あの日、地震のあとに高台へ避難した住民たちは、低い津波が湾内に入ってきたのを見ている。津波は勢いがなく、沿岸の低い防潮堤にはね返された。それを見た住民たちは、安心したように避難所から家へもどっていった。山田湾に異変がおきたのは、そのあとである。目撃者によれば、海水がひいて海底が露出し、湾内に並んで浮かぶ二つの小島がつながったという。まもなく海面が急激に盛り上がり、海水は防潮堤をこえて湾をとり囲む家々を呑みこんでいった。

最初の小さな津波がフェイントとなって、油断した住民に大きな被害をもたらしたのだが、山田湾の海面を盛り上げたのは船越湾から入りこんだ津波である。

「だれもあそこから津波が来るとは思ってねえもん。たまげたね。貞観《じょうがん》地震のとき、津波があそこをこえたって話があるけども、なにしろ一一〇〇年も前のことだからなあ」

道沿いの畑で鍬を握った男性は、困惑の表情をうかべた。

家屋が津波にさらわれ、平地にコンクリートの基礎ばかりが残った被災風景のなかでは、山田町の低い防潮堤はいかにも頼りなげだ。養殖筏の浮かぶ、瀬戸内海のようにおだやかな海に低い防潮堤はふさわしく、それは節度をもった高さに見える。けれども、巨大津波に襲われ、その傷跡が生々しく残る風景のなかでは、それは緊張感のない、間のぬけた建造物に映る。と、ここまで北からずっと防潮堤を眺めながら自転車を走らせてきて、どうやら薄らぼんやりと見えてきたことがある。

防潮堤は地域によって高くなったり低くなったりするが、その高さと防災効果が比例するかどうかはわからない。ただ、今回の震災であらかた破壊されてしまったとはいえ、そこにあった防潮堤の高さは、その地域で暮らす人たちの津波への警戒心の大きさを表している。三陸沿岸の防潮堤建設は昭和三五年のチリ地震津波を契機に進められているが、これはちょうど高度経済成長期とかさなり、コンクリートは命の防護壁であると信じられていた時代であった。したがって、命を託した防潮堤の高さに、そこで暮らす人びとの津波への恐怖と警戒の大きさを見てとることができる。

つまり、過去の大津波で甚大な被害をうけた地域ほど防潮堤は高い。かつて経験した不幸の大きさが防潮堤の高さになっているのである。

そう考えると、昭和の大津波で被害の小さかった山田湾に高い防潮堤が築かれなかったのは当然であろう。仮に今回の大津波で防潮堤の高い地区ほど犠牲者率が低かったとすると、それは防潮堤の高い地区では、もともと住民の危機感と防災意識が強いために迅速に避難した結果とみるのが自然だと思う。

船越湾――「役小角伝説」

山田町の真新しいビジネスホテルに泊まった翌日、例の船越半島のつけ根部分に行ってみた。かさ上げ工事をしているのか、ダンプカーが容赦なく行き交うなかをくぐり抜けるようにして船越湾側へ行くと、破壊された防潮堤が無残な姿をさらしていた。かろうじて原形をとどめた箇所の目測で防潮堤の高さは海面から八メートルほど。それが為すすべもなくコンクリートの残骸となり、数百メートルにわたってつづいている。これまで見てきたなかで、もっとも無残な壊れようだ。

船越湾を襲った大津波は、湾最奥部に築かれた防潮堤を砕き、狭い低地を巨大な水路にして山田湾に流れ込んだ。防潮堤は津波を防ぎきれなかったというよりも、津波の底知れぬパワーによって一瞬に破壊されたのであろう。そんな情景が浮かぶような残骸であった。

ところで、前記『津浪と村』によると、この船越湾には「役小角《えんのおづの》伝説」なるものがあるという。

同書は、戦前の地震学者・今村明恒博士が明治大津波後にこの地を訪れて村人から聞いた話を引用するかたちで「役小角伝説」を紹介している。

船越湾の防潮堤を破壊し大津波は半島を越えて山田湾までいった

それによると、その昔、船越にやってきた役小角は里人を集めて「向こうの丘の上に村を建てよ、決して海辺に建ててはならない」と教示し、もしこの戒《いましめ》を守らなければ災害たちどころにいたるであろうと予言した。

役小角は七世紀後半の大和国の呪術師で、修験道の開祖とされ、実在した人物であるが、各地に謎めいた伝説を多数残している。船越の伝説が本当なら、じつに飛鳥時代の話であり、貞観地震（八六九年）よりもさらに二〇〇年ほどさかのぼる。

この「役小角伝説」を一笑に付するのがためらわれるのは、それなりに理由がある。

今村博士が採集した伝説をうけて『津浪と村』の著者、山口弥一郎は「この伝説は高地にある山ノ内部落に伝わるものらしく、その教示に従わなかった湾頭低地の船越及び田ノ浜は激災に襲われたのである」と昭和大津波の被害について言及している。

『津浪と村』によると、田ノ浜では明治大津波のあと集落背後への高台移転が計画された。しかし災害を知らない移住者が増えたこともあり、計画は頓挫する。結局、従来どおり海辺に住みつづけ、昭和八年の大津波で二五六戸のうち一八三戸が流失した。その後、再度の悲劇をうけて高台移転が進められることになり、山口が昭和一八年に現地を再訪すると、みごとな家並みが背後の山腹にできていたという。

田ノ浜についての山口の記述はそこで終わっているが、結局、この集落では役小角の教えは守られなかった。昭和の大津波のあと、いったん海辺からなくなった人家は、戦後ふたたび復活し、海辺の集落にもどったのである。これが三度目の悲劇を呼び込むことになった。じつは今回の震災で山田町においてもっとも家屋被害が多かったのは、被災家屋が七〇パーセントにおよんだ田ノ浜地区である。

今村博士は、役小角が高台移転を教示したとされることから、「役小角は三陸津波の災害防止につき殊勲第一に推すべき人であろう」と、ややジョークまじりのニュアンスながらそう書いている。伝説の真偽はどうあれ、この地区ではかなり昔から津波対策として高台移転がおこなわれていたか、検討されてきたことはまちがいないのではないか。と同時に、田ノ浜の歩みから、三陸沿岸の集落が海辺と高台との移動を昔からくりかえしてきたことがうかがえる。

これは青森県の例だが、ごく一部の例外を除き、海抜一五メートル以下には貝塚が見つかっていないという。そのため青森県の貝塚は今回の震災でほとんど被害をうけていないらしく、そうしたことから、青森沿岸の縄文人は職住分離の暮らしをしていたのではないかと指摘する考古学者もいる。

縄文時代は海面が現在より数メートル高かったそうで、したがって海辺の位置は現在よりも相対的に高かった。つまり、縄文時代の海辺が現在の高台に近い場所になっている可能性がある。それでもあきらかに高潮や津波を避けるように高台の上に生活痕跡が見つかっているとすれば、縄文人は海の怖さをよく知っていたことになる。

しかし、いっぽうで、こうは考えられないだろうか。青森県沿岸部で海抜一五メートル以下に縄文人の生活痕跡が見つかっていないのは、たびかさなる津波によってすべてさらわれていったからで、今日見つかっている高台の縄文貝塚は、そこまで津波が届かなかったからではないか。

海の恵みに依存していた三陸の縄文人が海辺に住まなかったとは考えにくい。つまり高台で見つかっている貝塚の存在は、太古の昔から三陸沿岸の人びとが津波によって海辺と高台との移動をくりかえしてきたことを示していないだろうかと思うのである。

大槌――広大なサラ地となる

船越から先は、三陸ではめずらしく直線状の海岸がつづく。道はＪＲ山田線に沿って進み、四十八坂《しじゅうはっさか》海岸、浪板《なみいた》海岸をへて吉里吉里《きりきり》へ。ここから道は山越えになり、いくつかのトンネルを抜けると大槌町《おおつちちょう》の中心部に入った。

じつはこの町にはいまから二〇年ちかく前、仕事で釜石まで来たときに足をのばしたことがある。といっても、夜遅く民宿に入り、翌朝の列車でもう帰ったから、町のどこも見ていないし、どんな風景だったか、はっきりした記憶もない。ただ、季節は秋で、いかにも田舎駅というたたずまいの大槌駅にコスモスが揺れていたのを覚えている。

したがって大槌は再訪ということになるのだが、来てみると、かつて泊まった民宿がどのあたりだったのか、皆目見当もつかない。ただペンペン草の伸びたサラ地ばかりが広がっている。残っている建造物といえば、町役場ほか、いくつかの鉄筋コンクリートの建物だけだ。その町役場へ行ってみると建物は廃墟と化し、玄関前に献花台が置かれ、壁にかかった時計が五時二〇分を指したまま止まっている。ここに津波が襲った時刻であろう。

大槌川にかかっていた鉄橋は、線路が取り払われ、川から突き出た橋ゲタの上でウミネコの群れが羽を休めていた。港近くの空き地には、まだ処理されていない瓦礫が山積みになっており、カラスが飛び交っている。

市街地の背後にある小高い城山からは町が一望できるというので行ってみると、広がったサラ地のあちこちで重機がカブト虫のように動き回っている。眼下に墓地があるが、ほとんどの墓石は横倒しになったままだ。城山を下って、ふたたび市街地を走っていると、コンクリート

城山から見た大槌町は一面のサラ地だった

の基礎部分だけが残った住居跡に小瓶にさした花がたむけられているのをよく見かける。週末なので、花を供えにくる家族が多いのだろう。

今回、大槌町の被害は甚大だった。

人口に占める犠牲者の割合八・四パーセントは、被災地のなかで宮城県南三陸町《みなみさんりくちょう》に次いで多い。あの日、いったん高台に避難した住民が潮のひく気配のない湾を見て、まだ津波は来ないと判断したことが悲劇を拡大させたといわれている。自宅にもどろうと多くの住民が高台を下った直後に前ぶれもなく海面が盛り上がり、濁流が一気に市街地に流れ込んだという。「津波が来る前にはいったん潮がひく」という言い伝えが誤った判断に導いたのだ。

しかし原因はどうあれ、大槌町の被害の大きさは、過去の津波被害の程度と照らすと、ひとつの法則性のようなものが浮かび上がってくる。

『大槌町大海嘯記録』(上飯坂哲編)という書物に明治大津波の地区別被害データが収録されているが、これを見ると大槌町の当時の人口に占める犠牲者の割合は八・五パーセント。今回の震災の数字と同等であるが、近隣の町村の数字と比較すると、これでも明治大津波の大槌町の被害は非常に小さかったことがわかる。大槌の南に位置する鵜住居《うのすまい》村は犠牲者率三三パーセント、さらにその南の釜石町にいたっては六二パーセントで、犠牲者は四〇〇〇人を超えている。

大槌は細長い大槌湾の最奥部ではなく、湾の途中から、さらにもうひとつ湾が北へのびた先に位置している。そうした地形のせいで津波の影響を受けにくかったのかもしれない。

いっぽう、釜石は今回の震災で犠牲者率は二・九パーセントにとどまっているが、それとくらべても今回の大槌の犠牲者率はやはり高い。山田町や重茂半島の千鶏がそうであったように、大槌もふくめて過去の大津波で被害の小さかったところにかぎって今回被害が大きいのは偶然だろうか。

鵜住居——逃げ遅れた人たち

大槌から海岸線の県道をたどっていくと、まもなく釜石市に入り、やがて平坦部に出た。やけに夏草ばかりが目につき、建物らしいものがないところだと思ったが、しばらくして鵜住居地区を走っていることに気がついた。

夏草が生い茂っていたのは津波で流された跡地で、海岸から少し内陸に入った場所だったこともあり、そうと知らず通りすぎるところだった。クルマなら通りすぎてしまうところを自転車ならしっかり見られるのだと、かねて思っていただけに迂闊《うかつ》なことで、ナガイさんと反省した。

ここ鵜住居もまた、今回大きな不幸があったところである。

あの日、この町の鵜住居地区防災センターに多くの近隣住民が避難してきた。その数、一五〇人とも二〇〇人ともいわれている。ところが、この防災センターは正式の避難場所に指定されておらず、海岸からは離れているものの、海抜四・三メートルの低地にあり、近くに鵜住居川が流れている。そのため津波はこの建物を襲い、多くの犠牲者を出した。同センターは市の津波避難訓練で事実上の避難場所として使用されており、多くの住民がここに逃げ込んだのは無理もなかった。鵜住居地区の死者・行方不明者は五八三人にのぼり、これは釜石市全体の犠牲者の過半数を占めている。

だが、さかのぼると明治の大津波で鵜住居地区がうけた被害は、じつに意外なものだった。

前述のように『大槌町大海嘯記録』では、当時の鵜住居村の犠牲者率は三三パーセント。ただし、これは鵜住居村に属していた計四地区の数字を合わせたもので、現在の鵜住居地区だけを見ると、当時の地区人口九五二人中、犠牲者はわずか九人にすぎない。各地であれだけ甚大な被害を出した明治の大津波で、なぜ鵜住居がこれだけの被害で済んだのか理由はわからない。

はっきりしているのは、明治の大津波で近隣地区とくらべて非常に被害の小さかった鵜住居が、今回の大津波では大きな被害を出していることだ。

犠牲の大きさは逃げ遅れた人が多かったことを意味するが、人びとがすみやかに避難するかどうかは、その地域がうけた過去の津波被害の大きさが投影されるのではないか。三陸津波の「てんでんこ性」は、湾ごと入り江ごとに極端な被害の大小をもたらしてきたが、それが地域によって異なる危険回避行動の濃淡をつくりだしているような気がする。

両石——かねてよりの懸念

明治の大津波で鵜住居と対照的だったのは、鵜住居の南に位置する両石《りょういし》地区である。

ここは当時の人口九五四人中、じつに九割近い八二四人が死亡している。鵜住居村全体の犠牲者率を引き上げたのは、この両石地区の壊滅的な被害だった。地図を見ると両石湾は典型的なV字形を描いており、その奥の小さく窪んだような入り江の先に両石地区がある。湾に侵入した津波エネルギーは、両石集落の一点に向かって集中するほかなさそうな地形だ。

その両石に行ってみると、やはり防潮堤は無残に破壊されており、背後の狭い谷筋に沿ってあったはずの家々は両側の高台にある家屋を残して流され、谷筋をいく道の両脇は夏草地帯になっている。

両石漁港を襲った津波は遡上高一九メートルだったことがわかっているが、これは人為的な理由により増幅した可能性が指摘されている。

決壊した両石湾の防潮堤

両石湾の南には釜石湾がある。ここには前述のとおり湾の入り口に外洋と遮断するように湾口防波堤が築かれていた。この海中から突き出た巨大な遮蔽物にぶつかった津波は跳ね返されて北側の両石湾に入りこんでくるのではないかと、両石地区の住民はかねてより懸念していたという。

今回の津波で釜石の湾口防波堤は壊れたが、国は早々に再建を決定し、復旧工事がはじまった。だがその後、岩手県は防波堤が両石湾の津波被害を増大させるとのシミュレーション結果を把握しながら、これを伏せていたと新聞が報じている（これに対して岩手県は、シミュレーション結果を隠した事実はないと反論している）。

釜石市では今回の震災で市内の小中学生約二九〇〇人のうち、三月一一日に学校に登校した児童・生徒全員が無事だったとして「釜石の奇跡」と称賛された。日ごろの防災教育が功を奏したといわれているが、湾口防波堤が津波の市街地侵入を六分遅らせたとの分析が本当であれば、この防波堤も「釜石の奇跡」にひと役買っていよう。けれども、その奇跡の影で、両石地区は釜石の湾口防波堤によって増幅された大津波をかぶった可能性がある。

三陸津波のてんでんこは致し方ないとしても、特定地域の防災のために他に害がおよぶことはあってはならぬ。両石地区では今回の震災で二四〇世帯のうち七割が流され、犠牲者は四三人を数えている。

第四章　湾口防波堤の恨み節

遠野―釜石―唐丹

〈二〇一三年七月〉

雨天決行

　例によって東京駅の東北新幹線改札口でナガイさんと待ち合わせたが、今回はふたりともこれまでとは身支度がちがう。いつも担いでくる、あの大袋がない。ふたりで検討した結果、今回は自転車なしの取材にしようと決めたのだ。

　自転車がなくては当企画の基本方針が揺らぐけれど

も、天候だけはどうすることもできない。ちょうど西のほうから不穏な低気圧が近づいていて、この週末、東北地方は晴れどころか、曇り空も期待できそうになかった。それならば延期すればよさそうなものだが、ふたりとも予定をかかえていて、そうもいかず、結局、自転車なしの取材を強行することにした。

そんなわけで背中のリュックひとつで新幹線に乗りこんだが、あたりまえながら自転車袋のない列車移動のなんと身軽なことか。輪行というのは、自転車の重さよりも、あれこれ神経を擦り減らすことで疲れる。大袋を担いで階段やホームを歩くときは、ひと様にぶつからないように気をくばり、列車のデッキに自転車袋を置けば置いたで、乗客に蹴とばされないか気になる。変速機などデリケートな部品もついているし、当たりどころが悪ければ走行不能になる可能性もゼロではない。

リュックひとつの今回、そうした煩事から解放されるのはありがたかったが、自転車がないと行動範囲がかなり制約される。そこで、あまり当てにならないけれども、いちおう取材予定の段取りめいたものを考えてきた。

前回、釜石まで走ったから、今回はここを起点に動くことになるが、釜石に行く前に遠野に立ち寄ることにした。じつは遠野には友人のN君がいる。東京の大学を出て、しばらく大手企業で働いていたが、家業を継ぐべく故郷の遠野にもどったのがもうずいぶん前のことだ。商売柄、三陸沿岸の被災事情には通じているはずだから、一度会って話を聞こうと思っていた。

新花巻から釜石線に乗り継いで昼過ぎに遠野に着き、雨のなか市内をぶらぶらして夕方、N君夫妻と会った。ふたりから話を聞いて、今回の震災で遠野が三陸の支援基地として重要な役割を果たしたことを知った。

岩手県の内陸部、北上山地の盆地にある遠野は、三陸沿岸の大槌、釜石、大船渡、陸前高田のいずれともほぼ等距離で結ぶところに位置している。そのため震災直後は全国から自衛隊、警察、消防の隊員らが遠野に結集した。その数総勢七〇〇〇人にのぼったといい、人口二万七〇〇〇人ばかりの小都市は救援隊員であふれかえった。

救援部隊が去ったあともボランティアの活動拠点として機能し、さまざまな援助物資が遠野から各被災地に送られている。

遠野が三陸被災地の支援基地になったのは、今回がはじめてではない。明治の大津波でも同様の役割を担ったらしい。三陸の背後は広大な北上山地がひろがっており、そのなかで遠野は貴重な町場で、古くから交通の要衝でもあった。「民話のふるさと遠野」からは、閉鎖的な山里をイメージしがちであるが、もともとここは東北内陸部と三陸を結ぶ物資の中継地としてヒトとモノが活発に行き交うところだった。その地の利は、今回の震災援助でも活かされたことになる。

「だから遠野はですね、影ながら被災地復興に貢献しているのですよ」

そう胸を張ったあとでN君は、おもしろいことを言った。

あの震災からしばらくのあいだ東北地方では余震が頻発したが、彼はさる会合の最中に大きな余震に見舞われた。一瞬、あの悪夢がよみがえるほどの強い揺れだったらしい。だが、その場にいた全員、おたがい顔を見合わせるばかりで、そこを動こうとしなかったという。

たびたび地震を経験していると、だんだん地震慣れしても不思議はない。津波もそうで、何度も津波警報に接しているうちに、慣れが生じて避難行動が鈍くなる。そのため、あの大津波のとき三陸沿岸の工事現場などで、よそから働きにきていた人たちはあわてて高台に避難したが、地元の人にかぎって逃げ遅れて悲劇をまねいたと、これまでの取材で聞いていた。

だが、N君の話はそれとはちがう。

「逃げたいけれども、まっさきに自分が逃げ出すのはみっともない。とくに男はそういう意識が働くんですね。だから、さっさと逃げればいいのに、いつまでも逃げない。結局、ぼくが最初に外へ出たんですけど、そうしたら、みんなわらわらと出てきて」

意地というべきか見栄というべきか。ともかくそういう妙な男のコケンのせいで、あの日、逃げ遅れた人もいたのかもしれない。

根浜海岸——地盤沈下した海水浴場

翌朝、ゆうべから降りつづいている大雨がおとろえる気配もなく、雨足はさらに激しくなった。記録的豪雨だそうである。駅に行ってみると、はたして釜石線は不通になっており、予定通りにもどれるかどうかわからないまま、臨時運行のバスでとりあえず釜石行きを強行した。

釜石に着いて喫茶店で時間をつぶすうちに、どうやら雨が小降りになってきたので、バスで北上し、鵜住居町の根浜《ねばま》海岸へ向かうことにした。鵜住居は前回行くには行ったが、ぼんやりしていてうっかり通りすぎかけたところで、もう一度きちんと見ておこうと思った。

根浜海岸は大槌湾の最奥部にあたり、三陸沿岸ではめずらしい砂浜の海岸で、夏は海水浴客でにぎわう。と聞いていたが、来てみると、松林の海側にわずかばかりの幅の砂浜が細長く帯状につづいていて、すぐそこに海が迫っている。砂浜の背後の低い防潮堤から海まで四、五メートルほどしかない。

昨日、釜石線に乗り換えた新花巻駅のホームの看板に、海水浴客でにぎわう根浜海岸の写真が出ていたが、そこに写っている砂浜は広く、ビーチパラソルがいくつも並んでいた。海岸に立ってみて写真の砂浜とのちがいに驚いたが、じつはあの日の地震で八〇センチ地盤沈下し、砂浜の幅が三分の一ほどになったせいだとあとで知った。

この根浜海岸には宝来館《ほうらいかん》という四階建ての旅館があるが、ここは震災で二階まで津波にのまれながら、近隣の多くの被災者を受け入れている。

海水浴場のはずれに根浜地区の集落がある。行ってみると、道路のかさ上げ工事でブルドーザーが稼働しているが、住民らしき人影はない。この地区では高台にある小さな神社を残して一七軒あった家屋はすべて流されたという。雨のなかで、やっと見つけた人に話を聞くと、

「ここの住民はもうもどらないんじゃねえかな。もともと漁師町じゃないから、ここに暮らさなきゃなんねえという人はあまりいないからね」

とのことだった。

宝来館の前までもどると、なにかイベントがあるらしく、多くの人でごったがえしている。やがて一階のロビーで和太鼓の勇ましい演奏がはじまった。仮設住宅の被災者をまねいての催しで、ハチマキ姿でバチをふるっている衆も被災者らしい。

さほど広くないロビーでたたく太鼓は、ドンドコ、ドンドコとやたら腹に響くが、元気出せ、元気出せ、と言っているようにも聞こえる。仮設暮らしの辛苦がしのばれるけれども、じつのところ、幸いにして家が残った住民は住民で人知れず苦労があるのだという。

このあと釜石港のはずれで話を聞いた男性は、「家が残ったばっかりに」と苦しい胸のうちを訴えた。男性の老いた母親は震災直後、避難所でストーブにあたっていると、「家のある者はあたるな」と言われたそうだ。

「避難所の人たちとちがって、こちらは食料の配給もないし、着の身着のままで風呂にも入れない。親戚から土地を譲ってほしいと言われて、うちにとっても大切な土地だから、どうか勘弁してくれと言ったら、それから白い眼で見られるようになって……」

あらゆる建造物と人のいとなみを破壊した津波は、近隣や縁戚の人間関係にも傷跡を残している。釜石は県下の沿岸市町村では宮古、大船渡についで人口が多く、明治以降、製鉄所とともに発展したこともあり、土着性が希薄で勤め人が多い。小さいながらも都市であり、それゆえに人間関係も都会のそれに近いのかもしれない。

釜石——巨大な湾口防波堤

そうした性格をもつ釜石は、津波対策において大胆な選択をした。巨大な湾口防波堤がそれである。この湾口防波堤については前述したが、あらためてその概要を記しておく。

これは釜石湾の開口部に、湾内を防御するように長大な防波堤を築いたもので、中央部は大型船舶が航行できるように三〇〇メートルほどあいている。堤は全長一六六〇メートルにおよび、最大水深六三メートルの海底に基礎を築き、その上に建造された。この水深六三メートルは世界一の深さだという。工事は国の直轄事業として昭和五三年にはじまり、総工費約一二〇〇億円かけて三一年後の平成二一年（二〇〇九）に完成した。

それが今回の大津波であっけなく破壊されてしまった。その効果について疑問視する声は少なくなかったが、国は早々に復旧を決定し、四九〇億円かけて現在、工事が進められている。

この巨大防波堤にたいする市民の反応はいろいろだ。港にいた六〇代の男性は、

「あの日、津波はここから一キロ以上離れた釜石駅のむこうまでさかのぼったが、もし防波堤がなければ、もっと先まで浸水して被害は広がっていた。防波堤は必要ですよ」

これは建設を推進する国土交通省発表のデータだが、湾口防波堤により釜石港内の津波の高

さは一三・七メートルから八・一メートルに四割低減し、津波遡上高は二〇・二メートルから半分の一〇メートルに低減。さらに津波が湾内から陸地に浸水するのを六分遅らせたとしている。ゆえに防波堤は被害を抑えたというのだが、そのいっぽうで、

「防波堤によって命が助かったという人はいるでしょう。だけど、あれがあるから大丈夫だと思い込み、避難せずに命を落とした人のほうが多いと思う」

と異をとなえる市民もいる。

防波堤が投げかける問題はそれだけではない。災害研究者の河田恵昭《かわたよしあき》氏は、東日本大震災の三カ月前に出した『津波災害』（岩波新書）のなかで、「津波の大きさを低減させるには、湾口の大水深部に津波防波堤を作るのが一番効果的である」としたうえで、釜石についてこう言及している。

〈釜石の湾口防波堤の総工事費は一二一五億円であるが、現在、人口が約四万人であるから、住民一人当たり三〇〇〇万円の税金が投入されたことになる。これだけの防災投資をしたにもかかわらず、人口が減少し、地域の活性化にこの防波堤建設が貢献していない〉

重要な指摘であるが、実際は活性化に貢献していないどころか、防波堤は重要な地元産業を衰退させた現実がある。

「はっきり言って漁師で防波堤が必要だと言う人はゼロ。漁業にとって、あれは何ひとついいことはねえです」

そう言うのは、釜石湾の南にある平田《へいた》漁港の漁師だ。湾口に防波堤を築くのは、湾内と外海の潮の流れを遮断することを意味する。その結果、湾内の海水はよどみ、海水温が上昇し、魚や海藻の生育環境は極端に悪くなる。

「だから湾内じゃ、コンブもワカメもろくなものはとれない。ただ、津波で防波堤が壊れたから、いまは釜石の漁業はいいんですよ。だけど、それもつかの間、防波堤が復旧したら、すぐまたダメになる。漁師から言わせれば、あの復旧工事は漁業復興の邪魔でしかない。うちの実家も津波で流されましたけど、だいたい防波堤をつくり直すのに何百億円もかけるなら、そのカネで家を流された被災者全員に高台に家を建ててけろって思う。それでもまだオツリがくるんじゃねえかと、漁師仲間はみんなそう言ってます」

そもそも「防潮堤」というのは海辺の陸地に設置された堤で、「防波堤」は海中に設置された堤のことだが、どちらも漁師には歓迎されない。ただ、防潮堤は前述のように浜に出るのに遠回りさせられたり、浜の作業スペースが削られたりして不便を強いられる程度ですむが、湾口防波堤がもたらす漁業のマイナスはその比ではない。

災害研究の専門家が津波の低減にもっとも効果的だとする湾口防波堤は、漁業にとって最悪の建造物といえるが、平田漁港の漁師によると、

「むかし湾口防波堤をつくることになったとき、おれはまだガキでしたけど、漁民ひとりにつき百何十万円だかの補償金もらって黙らされたと聞いてます。反対しても無駄なんですよ。釜

石じゃ漁民なんて、ひと握りなんだから」

　釜石はかつて「鉄と魚の町」といわれた。戦後の経済成長とともに製鉄のウエイトが高まるいっぽう、漁業はふるわなくなった。その後、製鉄が落ち込んで「鉄冷えの町」といわれるようになったが、その分、漁業のウエイトが相対的に高まったかというと、そうではなかった。燃料代と人件費の上昇により遠洋漁業から沿岸漁業への転換を余儀なくされ、漁民の高齢化も手伝って釜石の漁業はさらに低迷した。

　要するに鉄・魚ともに苦戦しているのだが、製鉄の町として発展した歴史があるだけに、町が製造業の論理で動いている印象は否めない。沿岸漁業を犠牲にして巨大な湾口防波堤を築く国家プロジェクトを受け入れたことがそれを物語っている。

　しかし、河田氏が指摘するように巨額を投じた湾口防波堤の建設が釜石の発展に結びついていない。工事がはじまる三年前の昭和五〇年、釜石市の人口は六万九〇〇〇人だったが、平成二七年七月現在約三万五〇〇〇人。人口減少は三陸の市町村どこも同じであるが、釜石の場合、この四〇年間でほぼ半減している。

　その晩、ほかに客のいない食堂でナガイさんと差し向かいで定食を食べた。「魚の町」にしては貧相な焼き魚と、申し訳ていどの刺し身がついて一五〇〇円。ナガイさんのコップのビールもあまり減らない。

　投宿したホテルがまたわびしかった。古びたビジネスホテルで、塗装の剝げかけた重い鉄の扉をあけて部屋に入ると、おじさんの靴下のようなニオイがそこはかとなく漂っている。部屋には粗末なベッドと小さなテレビがあるだけで、バス・トイレもなし。どうにもやりきれず、夜遅く駅前のコンビニに出かけると、外は深い霧につつまれていて、通りにも駅前にも人影はまったくない。霧のなかで新日鉄住金の工場が巨大な廃墟のように見えた。

唐丹——特大の津波記念碑が立つ

翌日、ようやく天候が回復し、駅前からタクシーで国道を走り、釜石市南部の唐丹町《とうにちょう》へ向かった。トンネルを二つ抜けて町の中心部の小白浜《こじらはま》集落で降り、少し歩くと、お寺の境内に特大の石碑が立っていた。昭和八年の津波碑で、その大きさたるや高さ五メートルほどもある。石碑というのは、板状の石に文字が刻まれているものだが、この石碑は巨大な墓石のように四角柱をしており、階段のついた壇上にそびえ立っている。

八戸をスタートしてからここまでいろいろな津波碑を見てきたが、こんな大きな石碑は見たことがない。側面に細かく刻まれた文字面に「一瞬、三五九ノ生霊ト二六三ノ家屋ヲ拉シ」とある。

ここ唐丹町は、明治と昭和の大津波で三陸でも有数の激災地だった。とくに明治の大津波では当時の唐丹村の人口のおよそ六割にあたる一六五〇人が犠牲になり、流失家屋は七割以上の三四一戸にのぼっている。巨大な石塔のような津波碑は、そんな過去の悲劇の大きさを物語っ

唐丹の巨大な津波碑

ているように見える。

　今回、唐丹町の人的被害は死者・行方不明者あわせて二一人で、もっとも人口の多い小白浜地区でも四人にとどまっている。だが、家屋の被害は小白浜地区で一〇八戸にのぼり、これは同地区全体の四割以上を占めた。小白浜の海岸には高さ一二・五メートルの防潮堤が長さ四二〇メートルにわたってつづいている。一二・五メートルは普代村の防潮堤一五・五メートルに次ぐ高さだが、集落を守ることはできなかった。小白浜を襲った津波は一九メートルである。

　小白浜地区は海岸に近い低地と、その背後の高台に築いた宅地の二段構造をなしているが、低地にあった家屋はすべて流されて夏草におおわれていた。この低地にあった集落の存在は、狭隘な三陸で高台に定着することのむずかしさを示している。

　もともと小白浜の集落はこの低地に築かれていたが、明治の大津波のあと、集落は高台に移転した。ところがその後、ほとんどの家がもとの低地にもどってしまった。原因は火災である。大正二年、近くの山で発生した山火事が強風で集落に燃え移り、二七〇戸が焼失し、死者も出たという。類焼を防ぐことができなかったのは、高台ゆえに水の確保が充分ではなく、消火活動がままならなかったからだった。

火事に懲りた住民は海辺の低地にふたたび集落を築いたが、そこへ襲ったのが昭和八年の大津波だった。これにより一〇五戸が流失している。そのため小白浜集落は再度高台に移転したものの、その後、分家などが低地に家を建てるなどして、そこにもまた集落が形成されていった。明治からこのかた津波と火事に翻弄された小白浜であるが、高度成長期以降は防潮堤が築かれたことが低地の住宅増加を加速させたらしい。

本郷――トンネルがもたらしたもの

その小白浜から隣集落の本郷《ほんごう》へは、平成一八年（二〇〇六）にできた「唐丹さくらトンネル」によって直線で結ばれるようになったが、この全長四五〇メートルの新トンネルは、今回の津波で驚くべき現象をもたらしている。

暗くひんやりとしたトンネルを歩いて本郷側へ出てみた。

トンネルの小白浜側は海辺にあるが、本郷側の出口は海から一キロ近く離れた内陸に位置しており、双方の高低差は一八メートルあるという。あの日、唐丹湾を襲った津波は狭いトンネルに入りこんで猛烈な勢いで遡上し、本郷側から噴出した。いっぽう、本郷側の海からも津波が陸地を駆け上がり、それがトンネルの入り口付近で唐丹湾から流入して噴出する海水とぶつ

かり、とんでもなく高い水しぶきが上がった。実際にそれを目撃した本郷の住民が指をさして、

「ほれ、トンネルの後ろに山があるべ。あの山のてっぺんよりも高く水しぶきが上がったんだ。ええもんだな、びっくりした」

と言ったが、その「後ろの山」というのは、どう低めに見ても高さ一〇〇メートル以上はありそうだ。

トンネルから唐丹湾の海水が注ぎ込まれた本郷地区では、それによって被害が拡大したといわれるいっぽう、結果的に浸水地域を減らしたという声もある。本郷側の海より遡上してきた津波を、トンネルから噴出する海水がくい止める働きをしたというのだ。実際のところ、プラスとマイナス、どちらにより多く作用したかはわからない。いずれにしても、トンネル掘削という人為が大津波という自然現象において予期せぬ事態をひきおこしたのである。

今回の津波で大きな被害をだしたところは、どこもかつて海を埋め立てた場所だとする指摘がある。長い時間をかけて人為によってなされたものが一瞬のうちに元にもどされてしまう。そう考えると、津波は自然界の巨大な調整機能のように思えてくる。

もっとも、唐丹町のトンネルについては、計画時から地元住民のあいだで懸念の声があがっていたらしい。津波で家を流された小白浜の男性は、怒りがおさまらない様子で、

「土木の専門家だかなんだか知らねえが、お偉いさんの考えることなんか、こんなもんだ。おれらは、あんなところにトンネルあけたら危ないぞと直感的に感じているのに、机の上で計算

したただけでトンネルを波が抜けることは絶対にないと言っていた。防潮堤だってそうだ。あれを越えることはないと聞いていたが、おれの家は流されたじゃねえか。大丈夫だ、大丈夫だと言っておいて、こうなったら想定外の津波でした、でおしまいだよ」

あたりまえだが、危険察知能力は研究者や技術者よりも、そこで長年暮らす住民のほうが高い。小白浜地区は一〇八戸が流失しながら人的被害はわずかだったが、本郷地区も同様である。全戸の三割にあたる五七戸が流失したものの、人的被害は一名にとどまっている。やはり過去の甚大な被害経験が今回の迅速な避難行動をもたらしたのであろう。

この本郷地区はかつての唐丹村の中心部だったところで、明治の大津波では一五メートルの津波をかぶり壊滅状態となった。一六六戸のうち、じつに一六五戸が流失し、生き残ったのは沖に出漁していた数人だったと伝えられている。その後、本郷の家々は血縁者らによって再興されたが、昭和の大津波でふたたび三二六人の死者をだす被害に見舞われた。これは当時の本郷の人口の過半数を占める数字である。

二度にわたって壊滅的被害をうけた本郷では、明治期から存続する家はほとんどないそうだが、浜辺でワカメ漁のロープの手入れをしていた男性に声をかけると、明治の大津波でわずかに生き残った漁師の子孫であった。

その男性によると、昭和の大津波でも家々はほとんど流されたため、本郷ではそれ以前の歴史を知る古文書などの資料はいっさい残っていないという。大津波は、海辺のムラの歴史もろ

右から明治、昭和、平成（5列）の津波記念碑（本郷）

とも奪い去ったのである。

　そういう意味では海を望む県道バイパスの一角に立つ、明治と昭和の津波碑は貴重であろう。明治の石碑は自然石にはめ込まれた文字盤が大きく破損し、ほとんど判読不能になっており、時間経過の長さを感じさせる。その横に昭和の津波碑が立っているが、この二つの石碑は、もともと別々の場所に立っていたのをバイパス工事にともない平成二〇年（二〇〇八）に移設されている。

　三年後、その場所にあらたな石碑が加わった。真新しいその石碑は、黒光りした石面に「伝えつなぐ大津波　2011　3・11」と白く彫り込まれている。

第五章　津波とたんぼ

吉浜―越喜来―綾里―大船渡

〈二〇一三年八月〉

吉浜――「奇跡の集落」

色づく前の青々としたたんぼの向こうに海が見える。

なんだかホッとする風景に出会ったような気がした。ナガイさんがさっそくカメラを向けている。こういう眺めに接するのは、三陸をずっとたどってきて初めてではないかと思う。これまで三陸の海とセットになっているのは、断崖か防潮堤か、そうでなければ津波が襲ったあとのサラ地ばかりで、海とたんぼのとりあわせは覚えがない。

岩手県大船渡《おおふなと》市の北端、三陸町吉浜《さんりくちょうよしはま》。

吉浜湾の最奥部に位置するこの地区には、四八〇世帯、約一四〇〇人が暮らしているが、今回の震災で人的被害は行方不明者一人だけだった。すぐに冠をつけたがるメディアによって「奇跡の集落」として紹介された地区である。

その「奇跡」とたんぼは、深く結びついている。

かつて明治の大津波で吉浜村中心部では、人口の二割にあたる二〇四人が命を落とした。こうした悲劇をくりかえすまいと、当時の新沼武右衛門村長が立ち上がり、集落の移転を進めた。海岸近くの低地を通っていた道路を高台に移し、人家はその道よりも山側に建てるように指導した。その後、昭和の大津波で再度被災したが、このとき集落移転をさらに徹底したのが柏崎丑太郎《うしたろう》村長だった。

柏崎村長は、低地での居住をつづける住民にたいして「家を流されても、もう面倒をみない」と移転を迫ったという。少々強硬だったのにはわけがある。明治の大津波のとき本人は外出していて難を逃れたが、低地の自宅にいた家族全員を亡くしている。津波対策への思いは人一倍強かったのであろう。こうして柏崎村長は、住民の高台移転を完了させた。

もっとも、かつて高台に移転した集落は、三陸にはたくさんある。注目すべきは、吉浜にはその後、海辺にもどる住民がいなかったことだ。

「むかしの村長も偉かったが、移転したあと海辺にもどらなかった住民も偉かった。よそでは、こうはいかないみたいだからね。おかげで、いまじゃここは高台移転のモデル地区みたいに言

「吉浜は奇跡の集落」と説明する80代の住民

われるようになって」

集落のはずれで散歩をしていた八〇代の老人はそう言ったが、じつのところ住民は海辺にもどりたくても、もどれない理由があった。明治の大津波のあと、村は海辺の集落跡地を開墾して水田にしたからである。集落跡地は昭和のはじめに二〇町歩の水田になり、その後、三〇町歩にひろがっている。

防潮堤と津波経験者の油断

今回の津波で吉浜地区の水田の多くは消滅したが、その低地を見下ろす県道沿いの集落は無事だった。県道は海から三〇〇メートルほど離れた、海抜約二〇メートルのところを通っており、人家はすべてそれよりも山側にある。

その道をゆっくりペダルを踏みながら進んだ。よく手入れされた生け垣や小さな鉢植えが置かれた集落のたたずまいは、震災前と変わらない人びとのいとなみを思わせる。しかるに道路の海側は、水田跡地に造成工事のショベルカーとブルドーザーが稼働する被災地の光景がひろがっている。道路を境にふたつの世界が併存しており、よくぞここに集落を移転させたと思う。

「この道路のガードレールのすぐ下まで波が来ましたけどね。道路を越えることはありませんでした」

県道沿いで理容店を営む主人が言う。主人によれば、津波で七メートルほどの防潮堤は倒壊し、現在、あらたな防潮堤を建設するとともに、低地にかさ上げした農道を通して、二重の防御態勢を整える計画だという。

昼下がり、客がいないのをいいことに店にあがり込んで話を聞くうち、主人の顔が少し曇った。

「兄がね、あのとき農地にいて行方不明になったんですよ」

吉浜地区で唯一の人的被害となった行方不明者は、この主人の実兄だった。当時八六歳。長年、町会議員をつとめた地元の名士で、八〇歳をすぎても海に出て、農作業もつづけていた。そのとき農地には七、八人いたというが、この人だけもどることはなかった。

「兄は昭和八年の大津波を覚えていて、津波体験の話を地元の中学生に聞かせたりしていました。だから津波のおそろしさは、よく知っていたはずです。ただ、昭和の津波のときは防潮堤もなくて、土を盛りあげたところに松林があるくらいだった。だども、今回は防潮堤があるから大丈夫だと兄は思ったんじゃないか。油断したとしか思えないです」

そうだとすると、巨大防潮堤の田老と同様に、防潮堤にたいする過信が悲劇をまねいたことになる。

実際、過去の津波を知る経験者の逃げ遅れは、考えさせられることが多い。

津波避難において古老の存在が重要であることは、『津浪と村』の山口弥一郎も指摘している。同書によると、明治の大津波でともに壊滅状態になった両石（現・釜石市）と重茂半島の姉吉（現・宮古市）は、昭和の大津波で明暗を分けた。犠牲者数人にとどまった両石では、明治津波を経験した古老が夜中にもかかわらず、村中を叫びまわって避難をよびかけた。これにたいして姉吉では明治津波を経験した古老の生存者がいなかったため、住民は逃げ遅れ、ふたたび惨事をまねくことになったという。

警句を刻みつけた石碑は津波の伝承とふだんの心がけを喚起することに貢献するが、いざというとき人びとを動かすのは経験者の言葉であろう。

しかし、そのいっぽうで、経験者のもつ余裕がマイナスに作用することもある。地震を感知したらピンと弾かれたごとく高台に避難するのが最良であるとすれば、経験則や知識はかえってその行動を鈍らせる働きをするのではないか。

しかもその経験則や知識は、大津波が何十年に一度しかおきないために過去一回程度の体験にもとづいており、普遍性にとぼしい。昭和八年の大津波がこうだったから、今回もこうなるはずだという判断は、どうかすると当てはまらず、混乱や被害を大きくすることもある。とんでもない被害をもたらす大津波は、人が正しい経験則を確立するほど頻発しない。

そういう意味で、今回の大津波を契機に「ハザードマップを信じるな」と言いはじめた防災研究者や自治体は、率直だと思う。少なくともこの言葉は、津波がハザードマップ、すなわち災害想定という人知をはるかにこえて襲いかかる化け物であることを前提にしている。

吉浜のひとりの行方不明者は、そんなことを語りかけているような気がする。

北里大学——学生たちの恩返し

翌日、宿を出ると吉浜の中心部で県道から細道に入った。吉浜湾の南側の半島をゆく道であるが、海岸は断崖つづきで道がつくれないらしく、山中をくねくねと縫うように道がつづいている。

この半島の突端は首崎《こうべざき》といい、半島の南側に鬼間ヶ崎《きまがざき》というのがある。さらに吉浜湾北側の半島の先端は死骨崎《しこつざき》で、首崎の南には脚崎《すねざき》というのもある。このあたり、ぶっそうな名称の岬が多いが、半島の先のほうには集落はなさそうなので、その手前にある北里大学の三陸キャンパスに寄ってみることにした。

そこまでシカは見かけたものの、人の姿を見なかった半島の山中に忽然と大学が現われたが、そこにも人の気配はない。八月末のことで夏休みのせいかと思ったら、そうではなかった。震災以降、キャンパスは休止したままだと教えてくれたのは、大学の事務所にひとりだけいた女性職員である。

ここにはもともと海洋生命科学部があり、六〇〇人ほどの学生がいたそうだが、震災で校舎の一部が壊れ、海辺の集落にあった学生アパートも流されたため、ここでの授業再開はむずかしいらしい。そのため、学部を神奈川県の相模原キャンパスに移し、今後、三陸キャンパスは海洋実習などで使われるだけだという。

震災のあった三月一一日、大学は春休みに入っていたため学生は少なかったが、人的被害はゼロではなかった。新聞記事で知っていたので、学生がひとり亡くなられたそうで、と言うと、女性職員に「いえ、行方不明です」と訂正された。

この女性は津波で父親を亡くしており、昨日会った吉浜の理容店主人といい、二日つづけて肉親を亡くした人と出会ったことになる。岩手県の震災犠牲者は県北部よりも南部のほうが多く、南下するにつれて「死」が遠い世界の出来事ではなくなってきたことを実感する。

北里大の女性職員は、老人施設に入っていた父親を亡くしたと言ったが、ということは三陸町越喜来《おきらい》（大船渡市）の特別養護老人ホームを襲った津波の犠牲者になったのであろう。越喜来地区の死者・行方不明者は九六人だが、うち五四人がこの特養ホームで犠牲になっている。新聞報道によると、ここの入所者は六七人で、平均年齢八八歳。要介護度4以上で占められ、寝たきりの人も多かったという。施設は海から約一キロ離れたところにあり、市の防災無線は聞こえなかったらしい。結局、逃げ遅れが大きな悲劇を生んでいる。

北里大から南へ道を下ると、まもなく崎浜《さきはま》漁港に出た。北里大の学生がたくさん暮らしていたところらしく、小さな集落ながらコンビニもある。

港の岸壁で潜水服姿の若者が十数名、海にもぐって海底のゴミ拾いをしている。震災の瓦礫がまだ残っているらしい。聞けば北里大・相模原キャンパスから来た潜水部の学生たちで、三陸キャンパスで世話になった崎浜漁港に恩返ししようと週末を利用して海の清掃活動をしているのだそうだ。

港の陸には磯漁のサッパ船がたくさん並んでいて、その一艘一艘に所有者の願いが込められた名前がついている。宝来丸、漁栄丸、恵友丸、昭栄丸、清漁丸……。どれも漁民の暮らしをささえる大切なフネだ。

小さな漁港をひとめぐりして、ここは防潮堤が壊れていないことに気づいた。

防潮堤は高さ七〜八メートルで、普代村や田老の防潮堤のような、がっちりした台形スタイルの堤ではない。地面から垂直に立った板状のもので、これまでさんざん破壊された無残な姿を見てきたが、ここ崎浜ではそれが壊れずに立っている。防潮堤の陸側はサラ地がひろがっているから、津波は堤をこえて集落を浸水させた。したがって防潮堤は津波を防ぐことはできなかったが、破壊されずに耐えた分、浸水を防いだことになる。

港から少し離れた高台の松の下で海を眺めていた老人に話を聞くと、崎浜は三陸でも比較的

真夏の越喜来湾は青く澄んでいた

被害の小さかったところで、昭和の大津波でもそれほど大きな被害はうけていないという。湾の奥ではなく、側面に位置しているせいらしい。

老人のいる場所から見える越喜来湾の眺めはいたっておだやかで、海が青く輝いている。まだ八月だが、空はもう高く澄んだ秋のそれで、海のむこうに夏の青々とした山並みがつづく。空、山、海と濃淡をつけた三つのブルーがひどくゆったりとした時間をつくりだしている。

そんな風景を眺めつつ老人の話を聞いていると、港のほうからやってきた軽トラックが止まり、ハチマキ姿の男性が降りてきて話に加わった。老人の知り合いらしい。男性は強運の持主である。震災から二カ月後、思いがけず石巻の海上保安庁から連絡をうけた。震災で流された漁船が石巻で見つかったというのだ。出むいていって二カ月ぶりに自船と対面すると、不思議なことにほぼ無傷だった。流失した漁船が舞いもどってきた漁師は、崎浜でこの男性ひとりだそうである。

男性はあのとき漁を終えて港にいた。ただならぬ地震の揺れに驚いて高台へ避難し、その場所から、どす黒く盛り上がった波が湾内に押し寄せ、集落を襲い、家々を呑みこんでいくさまを見ていた。その光景を忘れることができない。

「あれを見たからね。みんなといっしょなら漁に出るけども、ひとりで海に出るのはいやだ。これは何年たっても変わらねえ。おれはいやだよ」

あの日豹変した、青いおだやかな海を眺めながら男性はそう言った。

三陸駅——海の近さに気づく

崎浜から海沿いの道をしばらく行くと、ちょっとした平野部に出た。崎浜とちがって港の防潮堤は倒壊して原形をとどめておらず、そこから背後の陸側を眺めると、けっこうな広がりをもつ空間に建造物とよべるものはほとんど見あたらない。

そこは湾の最奥部にある越喜来地区の中心地で、湾に侵入した津波はせりあがって容赦なくこの地を襲ったのであろう。まだサラ地にもなっていない荒れ地のなかに「越喜来小学校」のプレートがはめ込まれた大きな石の門柱が横倒しのままになっている。その近くに廃材でつくった掘っ建て小屋の「手づくり資料館」があった。建てつけの悪い、重い引き戸をあけて中に入ってみると、八畳間ほどのスペースに震災直後の写真などがベタベタと壁に貼られ、三時二〇分を指したまま止まった時計が掛けられている。

あたりでほとんど唯一、まともなカタチをしている建物が三陸鉄道の三陸駅だった。

この地は平成一三年（二〇〇一）に大船渡市に編入されるまで三陸町といい、その旧三陸町の中核駅が三陸駅である。そのせいかローカル私鉄駅ながら、駅舎に喫茶コーナーが併設されている。そこでナガイさんと名物の柿茶を飲んだが、ひとりで駅を切り盛りしているという地元の女性は、

「津波で何もかもなくなってみて、海がこんなに近かったのかと思った」

と言った。駅から海岸までざっと五〇〇メートルほどだが、旧三陸町の中心であれば、それなりに建物が密集していたはずだ。小学校の周囲には人家があったであろうし、港の近辺には漁業施設が建ちならんでいたであろう。それらがなくなってみて、あらためて海の近くに住んでいたことを実感したというのだ。

これは津波防災を考えるうえで非常に重要な点ではあるまいか。

震災後、岩手県立大学がおこなった大船渡市民の意識調査でも、このような記述が寄せられている。

〈大船渡の町に長年住んでいて、海がこんなに近かったことに気づかされた。建物に遮られて海が見えていなかった。海が見えないのは、海までの距離が遠かったからではなかった。これ

がこのたびの津波で多くの犠牲者が出た要因のひとつと思われてならない〉

　建物に囲まれているだけで人はなんとなく安心するが、対津波にかぎっては、その安心は幻想にすぎないばかりか、逃げ遅れという最悪の結果をまねく危険をはらむ。すみやかな避難が津波から命をまもる最上の方法であるなら、建造物が多いゆえに根拠のない安心感をいだかせる都市は津波にたいして危険性が高いことになる。今回の大津波では都市部において犠牲者が多かったが、それはたんに都市部の人口が多いからではない。すみやかな避難を阻害する要因が都市部のほうがより大きいからであろう。

　ここでもうひとつ考えなければならないことがある。建造物が人びとの目から海を遮断し、避難行動を遅らせるのなら、まず問われなければならない建造物は防潮堤だということだ。

　三陸沿岸の住民に高い防潮堤にたいする否定的な声は少なくないが、理由はいろいろである。漁師は仕事の利便性を損なうとして防潮堤を嫌い、観光業者は眺望が損なわれることを懸念する。一般住民の心情としては、今回の大津波でほとんどの防潮堤が役に立たなかったため、それを再構築することに一種の徒労感を覚えているのがいちばん近いような気がする。

　防潮堤のせいで多くの人が逃げ遅れたと、はっきり口にする人もいた。防潮堤をつくるくらいなら避難路を確保せよという声もよく聞いた。防潮堤は必要だという人も一定数いるが、より高い防潮堤を望む声はほとんど聞かれなかった。

　防潮堤が壊れないことを前提にするならば、それは高いほど津波を防ぐ可能性は大きくなる。

そのいっぽうで、高くなるほど人と海を遮断し、それが避難行動を鈍らせてしまう。皮肉なことに防潮堤は防災上、大きな矛盾をはらんだ建造物といわざるをえない。

綾里——家は津波のとどかないところに

越喜来湾を南下し、ホタテの養殖で財をなしたホタテ御殿がある小石浜《こいしはま》集落（当地の三陸鉄道の駅名は「恋し浜」という）から険しい峠を越え、この日の宿泊地である三陸町綾里《りょうり》の白浜集落に着いたのは、もう夕方だった。

ここは津波災害史において記念碑的なところで、明治の大津波で三八・二メートルの津波を記録している。これは今回の震災がおきるまで国内の津波観測史上最高だった。その綾里白浜は、典型的なV字形を描く綾里湾の最奥部に位置しており、湾口部の幅が約四キロにたいして最奥部の幅は数百メートルほどしかない。三陸のリアス式海岸の地形を地図で丹念にたどって、もっともきれいなV字形になっているのが綾里湾である。

今回の大津波でもここには二五メートルの波が襲っているが、六八戸の集落に人的被害はなく、浸水家屋すらなかった。

吉浜の中心部集落と同様、ここも昭和の大津波のあとに集落ごと高台移転したためで、集落は海よりも三〇メートルほど高い県道の山側にある。吉浜は海から高台の集落まで三〇〇メートルほど離れており、ゆるやかな地形をしていたが、ここは海辺から立ち上がった高台に県道

綾里の集落はすべて高台にある

が通る急峻な地形だ。海から集落までの距離は近いが、あの日の津波は道路まで達していない。

県道の海側にも建物があるが、これは廣洋館という旅館である。海辺に降りてみると、弓状にのびるきれいな砂浜がつづいており、海を見下ろすように断崖上に旅館が建っている。

その光景を見ているうちに、なんだか痛快に思えてきた。最近まで観測史上最高だった巨大津波の襲撃地点に立ち、来るなら来やがれと津波に向かって胸を張っているように見える。そして、実際に津波はやってきたが、無事だった。この旅館は震災のあと、しばらく休業していたというが、それは津波をひきおこした地震で損傷したためで、津波の被害はうけていない。

V字形湾を襲った強烈な津波は断崖の旅館までは到達しなかったが、作業小屋などの海辺の建造物は完全に破壊した。海辺に砕けた防潮堤が無残な姿をさらしている。それは見慣れた光景であるが、意外だったのは、そこに立っていた堤の高さである。ところどころ原形をとどめた防潮堤は三メートルほどしかない。浜辺にいた人にたずねると、

「あんまり高くしても意味がないんですよ。家は津波のとどかないところにあるんだから」

と言われ、なるほどと思う。

三メートルの防潮堤とて、身を呈して襲来した津波のパワーを若干弱めるのに貢献したかもしれない。しかし、津波防災において、いかなる強靭な防護壁よりも高台移転のほうが有効であることを、このコンパクトで明快なモデルケースが教えてくれている。

その晩、断崖に毅然と立つ廣洋館ではなく、高台集落のなかにある民宿に泊まった。おかげで津波災害史上貴重なオーシャンビューを客室から望むチャンスを逃したけれども、民宿の主人から興味深い話をうかがうことができた。

あの日の前夜、主人はふと空を見上げて目を見張った。プラネタリウムのような一面の星空がひろがっていたという。

「女房とふたりで見ましたが、あんな星空は初めて。鳥肌が立ちました。何かの前兆でなければいいけど、と話したんです」

そして翌日、強烈な地震に揺さぶられたあと、津波が来るまでのあいだに沖のほうでドーン、ドーンという大きな音が響くのを聞いている。この音は釜石で話を聞いた漁師も耳にしている。

その漁師は地震のあと高台に避難したが、子どものころから大津波が来る前には大砲を撃ったような音がすると祖父から聞かされていた。それで、こういうことがあるらしいと避難所で仲間に話していると、突然、沖のほうから大きな音が響いたという。

明治の大津波でも、この海音を聞いたという人は少なくなかったらしく、当時のことゆえ、沖で軍艦が大砲を撃っているのかと思い込んだ人もいたようだ。

さらに民宿の主人によると、あの日、地震のあとで大正生まれの父親が、港内に渦が巻いているのを見て、「昭和の津波のときと同じだ。津波が来るぞ」と叫んだという。

津波の前兆現象のたぐいはさまざまなものが報告されているが、ふだんあまり見かけない魚がたくさん獲れるようになるというのもそのひとつらしい。前夜泊まった吉浜の民宿の女将は、震災の少し前からオキメバルがよく獲れたと言っていた。

綾里漁港――漁師の嘆き

綾里白浜は、三八・二メートルの波が襲った明治の大津波で集落人口の四分の三にあたる一七五人が犠牲になっている。昭和の大津波でも人口の二割にあたる六六人が命を落としているが、この過去二回の大津波で白浜よりも犠牲者が多かったのが、地元で港とよばれる綾里の中心地である。

綾里漁港のあるこの港地区でも、昭和津波のあと高台移転が進められたが、その後、また多くの家が海辺にもどっている。今回の震災では綾里全体で死者・行方不明者は二六人にのぼっているが、その多くがこの地区の住民だった。くりかえされる悲劇は、高台移転という防衛策が移転そのものよりも移転後の継続のほうがむずかしいことを示している。

白浜地区と港地区は三キロも離れていない隣どうしだが、やはりその歩みは対照的といっていいほどちがう。その港地区では現在、再度の高台移転計画が進められ、これまで八メートルだった防潮堤も一四メートルにつくりかえる予定だという。

綾里漁港は意外に大きな漁港で、主要水産物はワカメとホヤ。港で話を聞いた漁師は、さいわい家も漁船も流されなかったが、失った漁具類の損害がしめて一〇〇〇万円だと苦い顔を見せる。やがて話が行政への不満におよぶと、一段と饒舌になった。

「家は残ったさ。残ったけど、おれン家《ち》は全壊じゃなくて、大規模半壊だって言うのよ、役場のやつが。そんな馬鹿なことがあるか、おれンとこは天井下の神棚のところまで水が入ったんだと言ったら、水が天井を抜けないと全壊にならないって言いやがる。全壊だと三〇〇万もらえるけど、大規模半壊は七〇万ぽっちなのさ。頭にきたから、言ってやったよ。やい、この家に住めるもんなら、おめえ住んでみろって。だいたい天井が抜けなきゃ全壊にならねえなんてだれが決めたんだ？　そんなことなら、棒で天井突っついて壊せばよかったべ」

元気のいい漁師に見送られてサドルにまたがり、海岸沿いの道を進んだ。

道は海から離れて山あいに入ったのち、ふたたび海岸に出てしばらく行くと、長崎漁港という小さな漁港があった。海辺近くの数軒の家が流されたらしい形跡があるほかは、津波の傷跡はあまりなく、港の防波堤も陸側の防潮堤も壊れていない。細長い大船渡湾の入り口にあたるところで、外海に面しているのに防潮堤の高さもそれほどではなく、どうも不思議なところだ。

そこからしばらくペダルを踏むと、大船渡湾内の蛸《たこ》ノ浦《うら》に出た。防潮堤はますます低くなり、ひとの背丈ほどしかない。湾の側面に位置しており、津波の通り道になるので、それほど高い防潮堤は必要ないのだろうか。

蛸ノ浦漁港の先で道路沿いの花壇の手入れをしている年配の男性がいた。すぐ横にある作業場で水産加工業を営んでいるが、併設の自宅が震災で暮らせなくなり、仮設住宅暮らし。私有地の一部を花壇にして道路脇の一画を彩っているのだった。

「仮設にいても、しょうがねえから。もう三〇年、これをつづけているんだ。一度も感謝されたことないけどね」

サルビア、日々草《にちにちそう》、ベゴニア……。赤、白、ピンクの花々で彩られた花壇の横を車が通り抜けていく。時間をかけて少しずつ震災前の日常がもどりつつあるような気がした。

第六章　奇跡の一本松に集う人びと

陸前高田―唐桑半島―気仙沼―大島
〈二〇一三年九月〉

陸前高田――そっくりサラ地

いや、これはどうにも参ったと、走りはじめてすぐに思った。見渡すかぎりのサラ地がひろがっていて、これをどうしろというのだ、という気がした。

田老や大槌でもサラ地がひろがっていたが、ここ陸前高田はケタ外れである。茫漠としたひろがりのむこうにある山並みが遠くに霞んでいる。広田湾に注ぐ気仙川の沖積によってつくられたこの地は、三陸最大の平野だが、その平野がそっくりサラ地になっている。

そんなところへ自転車でのこのこやってきても戸惑うばかりだ。水を満たした浴槽にメダカを一匹入れてやっても、どうしていいかわからず、じっとしているにちがいない。そんな感じに近い。

一切の建造物がなくなった平原に道路ばかりが縦横無尽に通っているが、道路脇にガードレールの支柱部分だけがところどころ残っている。津波であらゆる瓦礫がぶつかって変形し、ねじ曲げられたガードレールが支柱の近くで切断され、その自然の力と人為によってつくりだされた形状が奇妙なオブジェのように見える。

のっぺらぼうの平原では、地図を広げてみてもしょうがない。いま自分がどこにいるかの位置確認もままならず、右へ左へハンドルを切っているうちに、遠くに見覚えのある、ひょろりとした木のシルエットが見えてきた。テレビでよくとりあげられた「奇跡の一本松」である。

行ってみると、多くの見物人が群れていて、九月の連休中のせいであろうが、すっかり観光スポットのようになっている。道端に自転車をとめて、ぞろぞろと歩いていく人たちにつらなって進むと、一本松の下に出た。

松といっても、津波に耐えて実際に最後まで残り、その後枯死した松を防腐処理して保存したものだ。一本松を残すことについては、費用の点からも賛否があったが、希望の象徴になるとして保存が決まった経緯がある。地元住民の思いが一本松を残したといっていい。松はいったん立てられたあと「枝の形がちがう」と住民からクレームがつき、調整を余儀なくされたが、そんなことからも一本松に寄せる住民の強い思いがうかがえる。

奇跡の一本松を訪ねる人は多い（陸前高田）

しかも、これはたんなる松ではなく、当地の名勝だった高田松原のなかの一本である。高田松原は陸前高田の海岸に約二キロメートルにわたってつづいていた約七万本からなる松林で、白い砂浜とともに陸前高田の美しい景観をつくりだしていた。地元住民にとって、一本松は誇らしい高田松原の記憶と結びついている。

「なぜ、ここの住民が一本松にあれほどこだわったか、ここの風景を見てわかったような気がする。一本松だけ残して、ぜんぶ津波がさらっていったからだね」

とナガイさんが言った。

全国各地から集まる人びと

その一本松とバイパス道をはさんで反対側に、大きな駐車場ができている。大型観光バスのほかに乗用車もたくさん駐車しており、ナンバープレートを見ると、練馬、秋田、札幌、石川、和歌山、横浜、栃木など、遠方の県外ナンバーが多い。駐車場の一画にはノボリを立てた売店があり、広田湾のワカメやカキ、貝殻でつくったアクセサリーなどが売られていた。

近くに「道の駅」だった建物が津波をかぶった当時のまま残され、そこに慰霊施設ができている。この一帯は古川沼という沼地がひろがっており、震災前はその周囲にホテルや公園、野球場やサッカー場などのスポーツ施設があった。つまり市民の憩いのエリアだったところだが、その沼地の一画でボランティアらしき人たちが集まって地面に向かって作業をしている。

何をしているのだろうと近づいていくと、リーダー格とおぼしき人から、すぐに出ていくように言われた。事情があるのだろうけれども、いい気はしない。ボランティア活動のために一般人の立ち入り禁止区域を設けるのは、特別な危険地帯でもないかぎり、おかしいのではないか。

ちらりと見たところ、ボランティアの人たちはそこで地面に向かって湿地の土をふるいにかけているような作業をしていたが、ナガイさんによると、あれは行方不明者の遺骨・遺品さがしではないかという。震災から二年以上経過したいまも地元警察による行方不明者の捜索がおこなわれているが、警察だけでなくボランティアの人たちも継続しておこなっているようなのだ。

今回の震災による陸前高田市の死者・行方不明者は一八〇八人で、岩手県の市町村でもっとも多い。人口に占める犠牲者率七・八パーセントは、大槌町に次いで二番目の数字だ。被災世帯数は市の全世帯のちょうど半分にあたる約四〇〇〇世帯にのぼり、このうち九割以上が全壊である。

このような激甚災害地ゆえに、全国からやってくるボランティアも多いのであろう。そういえば、さっきボランティアの拠点らしき「復興サポートステーション」と書かれたバラック施設を見かけた。若い人が多いようだが、そうでない人もいた。

この町にやってくるのは、休日は被災地見学の人たちとボランティアが多いが、平日はちがう。この日は休日のせいか、工事車両や重機はあまり稼働していなかったが、平日はいたるところで復旧工事の音が響いているはずだ。その工事関係者は相当な数にのぼるであろう。それを実感したのは、今回、いつにもまして宿の確保に苦労したからである。

壊滅した陸前高田の中心部に宿泊施設は皆無。周辺部に宿はけっこうあるが、どこも工事関係者で占められていて、さっぱり予約がとれない。大手のゼネコンが年間契約で宿ごと借り上げているところもあると聞いた。電話をかけては断られ、それをくりかえすうちに陸前高田からだんだん遠ざかっていき、ようやく確保できたのが気仙沼のホテルであった。陸前高田と気仙沼は隣接しているけれども、気仙沼は宮城県だ。県をまたがなければ宿がとれないほど、陸前高田で復旧工事にたずさわる人は多いのである。

つまり平日は工事関係者で占められ、週末は被災地見学者とボランティアが県外から集まってくる。市役所も仮設住宅も仮設商店もかつての市街地から離れた高台にあるため、広大なサラ地に地元の人を見かけることは少ない。しかるに、県外の人はやたらと多い。いわば震災後の陸前高田は、全国から多くの人びとが集結し、それぞれに役割と目的と思いを果たして帰っていくという不思議なステージになっているが、これも被災地のひとつの姿であろう。

高田松原はなぜ決壊したのか

地元の人たちの思いを託した一本松が高田松原の一本であったことは前述したが、この松原が造成されたのは江戸時代前期にさかのぼる。地元の豪商、菅野《かんの》杢之助《もくのすけ》が私財を投じて寛文八年（一六六八）から一万八〇〇〇本の松苗を植えたのが始まりで、その後、享保年間に松坂新右衛門がやはり私財で植栽を増やし、高田松原の基礎がつくられた。

松原は田畑とともに高田の住民の暮らしを守り、津波にも効力を発揮した。とくに高田松原が高い防潮能力をみせたのは昭和八年の大津波のときだ。『陸前高田市史』によると、当時の高田町の被害は、死亡者三人、人家の流失はゼロ。三人の死亡者は高田松原のなかにあった旅館の宿泊客で、住民の被害はなかった。つまり高田の市街地は人的被害も人家の流失もなく、松原によって完璧に守られたのである。

このとき高田を襲った津波は三メートルと伝えられるが、昭和三五年のチリ地震津波は四メートルで、高田ではこの津波のほうが大きかった。被害は死亡者二人、流失家屋は一七戸である。この津波で高田松原は二〇〇メートルにわたって決壊し、市街地が浸水している。チリ地震津波のあと、高田では二本の防潮堤が築かれた。ひとつは海岸の砂浜に築かれた第一堤防、もうひとつが松林のなかに築かれた第二堤防である。高さは第二堤防のほうが高く五・五メートル。わざわざ松林のなかに高い防潮堤を築いたのは、防災機能の強化のためとも、景観を重視したためともいわれている。いずれにしても、江戸時代から受け継がれてきた豊かな松林にコンクリート建造物が組み合わされて、昭和四一年に第二堤防が完成したときには、地元の人は「鬼に金棒」のような頼もしさを高田松原に抱いたのではないかと思う。

ところが今回、陸前高田市でいちばん被害の大きかったのは、市の中心部で人口密集地の高田地区であった。高田松原にもっとも守られてきたはずの地区が激甚災害の中心になった。

松林ではとうてい防ぎうるレベルの津波でなかったといえばそれまでであるが、防潮林にくわしい遠山益《すすむ》・お茶の水女子大名誉教授は、著書『松林が命を守る』のなかで気になる指摘をしている。それは高田松原が近年、都市公園として整備されたことが本来の防潮林としての機能を弱めたのではないかという危惧である。

〈林内に遊歩道が整備され、気持よく散策できるように、低木類や下草などはきれいに刈り取られていた。もしも林床のこれらの下草や低木類が手付かずの自然であったなら、この度の津波被害はどうであったろうか。また野球場やサッカー場などがなくて松林で密閉状態にあったなら、被害はどうであったろうか。たとえこれらの状態であっても、この度の超巨大津波の侵

入を食い止めることはできなかったであろうが、津波の勢いをいか程か減少させたであろうと考えられる〉

このように遠山氏は書いている。

現在、陸前高田市は海岸に一二・五メートルの防潮堤を築く計画を進めているが、その高さに拒否反応をもつ住民も少なくないようである。高田松原の復元を求める声も多く、市では防災強化と景観保全のふたつを満たす沿岸復興構想を描いているようだが、それが地元住民をどのくらい満足させるものかはわからない。

ただ、ここまで三陸沿岸を自転車でたどってきて、津波にたいして命を確保するというレベルでもっとも安全性が高いのは、田野畑村の羅賀や島越に代表されるような海辺に張りついた小集落ではないかと思う。いざとなれば裏山に駆け上がれば避難できる急峻な地形をしたところは、実際に人的被害が少ない。

これとまったく対照的なのが三陸随一の平野である陸前高田だ。防潮堤や景観も重要であろうけれども、避難場所・避難路の確保と、都市部こそ津波被害が甚大になるという注意喚起を継続する手だての構築に知恵とお金を振り向けたほうがいいのではないかという気がする。

ひさびさのサイクリング気分

自転車で走ると平原となった陸前高田の広さはよく体感できるが、走るほどに空虚感が増していく。そろそろ引きあげることにしたが、交通量とトンネルの数を思うと宿泊地の気仙沼まで国道45号を走る気がしない。地図を見ると、内陸部を走るJR大船渡線に沿って道がつづいているので、少し大回りになるが、こちらのコースをたどって気仙沼へ出ることにした。

気仙大橋を渡って気仙川の西側を北上したが、このあたりは今泉という地区で、江戸時代からつづく古い商家や蔵が残る一帯だったという。陸前高田は古くは町の北方にあった玉山金山で栄えたところで、近世には釜石と仙台を結ぶ浜街道の宿場町となり、さらに一ノ関や遠野とも街道で結ばれていたことから、海産物などの物資輸送で栄えた商業地だった。私財で松原を築くほどの人物がいたのも豊かな商業地だったからであろう。

だが、その今泉地区もサラ地に道がのびているだけで、なにもない。先祖代々ていねいに手を加えながら暮らしてきた旧家の屋敷や、なまこ壁の重厚な蔵があったろうに、津波がすべてさらっていったかと思うと、なんともいえない無常感をおぼえる。

このあたり寺社が点在しており、高台にあって難を逃れたお寺もある。これは神社だったたか、入り口のところに男性器を擬したとおぼしき造形物がガラスケースに入れて置かれてあった。いわれは不明だが、津波がすべてをさらい、ペンペン草しか生えていない被災地に、それはいかにも唐突ながら、毅然として、なにやら生命力の象徴のように見えなくもない。

そのまま気仙川沿いを進むと、やがて大船渡線と並行して走る道路と合流したが、大船渡線の線路には雑草が生え、レールが赤サビ色になっている。震災後、気仙沼からこっちは不通のままだ。

線路のむこうには、たんぼが色づいて輝き、周囲には山が迫ってきた。陸前高田市内とはいえ、このあたりまでくると、もうすっかり津波被災地とは別世界で、おだやかな山村風景がひろがっている。と思ったら、陸前矢作《りくぜんやはぎ》という駅の近くに小規模ながら仮設住宅があり、まだ被災地の延長であった。

大船渡線はその先を九〇度折れ曲がって南下し、気仙沼にいたるが、線路と併走するように県道の上りがつづく。やがて峠となり宮城県に入ると、道はゆるやかな下りとなって、快適なサイクリングになった。交通量はほとんどなく、あたりは黄金色のたんぼがひろがり、道端にコスモスが揺れている。気仙沼の市街地に近づいたところで、後続車にクラクションを鳴らされたが、この三陸行でクラクションを鳴らされたのは、これが初めてであった。

まもなく国道45号に合流したが、そこで北から走ってきた単独サイクリングの男性と鉢合わせした。

その自転車を見て、おやおやと思った。自転車好きにもいろいろあり、愛用する自転車の種類によって、いくつかの派に分かれる。この男性がまたがっているのはランドナーとよばれる軽旅行車で、昔は主流派をなしていたが、いまでは絶滅危惧種のようになって久しい車種である。じつは当方もその一派に属しており、双方おたがいの自転車を見て、これはこれは、となった。

六〇代とおぼしきその男性は、「東日本大震災　復興応援ツーリング　青森八戸〜信州須坂」と書いた紙をビニールケースに入れてサドルの後ろにくっつけている。聞けば、自宅のある長野県須坂市から八戸まで輪行し、国道45号をずっと南下しているのだそうだ。東北復興の願いをこめて特注したとかの煎餅を自転車バッグに詰めていて、出会った人に配っているそうで、われわれも一枚ずつもらった。念仏札を配りながら遊行《ゆぎょう》した一遍上人みたいである。

よく社会的メッセージを掲げて自転車で走る人や集団がいて、ああいうのは好きではないが、この男性はそれとはちがう。個人として、大災害に襲われた東北と何らかのかたちでかかわりを持ちたかったにちがいない。自転車好きの男性は、結局、三陸を自転車で走ることで自分と被災地を結びつけようとしたのだろう。

ボランティアも被災地見学も、この男性も、案外根っこのところは同じかもしれない。

唐桑半島——防潮堤をめぐる思い

翌日、気仙沼市東部の唐桑《からくわ》半島へ向かった。両岸をギザギザの海岸線にかこまれ、フナムシのような格好をした小さな半島である。

気仙沼港から内陸方面に少し走ると、まもなく前方に大きな船が見えてきた。津波で打ち上げられた「第十八共徳丸」（全長六〇メートル、三三〇トン）で、震災遺構として保存する話もあったが、結局、解体されることになり、すでに船体は仮塀で囲われて作業がはじまっている。

その先の道を折れて山道に入り、まだツクツクボウシが鳴く森の峠を越えると、唐桑半島の付け根に出た。

眺めのいい静かな入り江だが、海辺に立つと、なんだか妙である。海面が高い。というか、防潮堤が低いのであるが、海面から一メートルくらいの高さしかない。地元の人によると、震災で地盤沈下したそうだが、もともと防潮堤の高さは二メートルほどだったという。いままで見てきた三陸の海岸ではない。

「これ、湘南の堤防のほうが高いよ」

と、逗子在住のナガイさんが海をのぞき込んでいる。

そこは二五戸ばかりの集落で、津波で家屋の被害は出たものの、人的被害はなかった。人的被害ゼロの集落は唐桑でもここだけだという。震災後、見るからに頼りなさそうな防潮堤はつくりかえることが決まっているそうだが、住民のひとりは戸惑い顔を見せる。

「新しい防潮堤？　いらない、いらない。ここはすぐ山だから、震災のときはみんな逃げて全員無事だった。高い防潮堤ができて、海が見えなくなるほうが嫌ですよ。それにあれは維持費がかかるんでしょ。村井知事が払ってくれるなら構わないけど」

宮城県の村井嘉浩知事は県下沿岸部の強靭化にむけた防潮堤建設計画を推し進めているが、いくつもの地区で反対の声があがっている。ここ唐桑半島の、カキとホタテの養殖で生計を立てている小集落でも防潮堤建設は歓迎されていない。

「となりの集落では防潮堤をつくらないことに決めたけど、津波を派手にかぶった地区では早く防潮堤をつくってけろと言っているし、唐桑でも地区によって温度差はありますよ。津波をかぶらなかったところは、景観が悪くなるからやめてくれと反対してるしね」

昨日の陸前高田もそうだったが、防潮堤によって景観悪化を懸念する住民は、唐桑半島にも多いようだ。どうも三陸を南下するにつれて、そうした声が高まっていくような気がする。岩手県では大船渡あたりまで、観光業者を除いて景観を懸念する声はあまり聞かなかった。

宮城県では景観を理由に防潮堤建設に反対するのは観光業者ばかりではなく、これは少し意外な気がする。津波対策という生死にかかわる問題で「景観」は二の次であろうと思うが、地元住民にとってはそうでないのかもしれない。あるいは、このエリアはそれほど大きな津波に襲われていないのかと思ったが、そうではなかった。入り江のそばの早馬《はやま》神社の境内に、津波が一五メートルの高さまできたことを示す新しい石碑が立っている。

先を進むと、鮪立《しびたち》、小鯖《こさば》、神止《かどまり》といった、おもしろい地名の漁村がつづく。神止の小さな集落で畑仕事をしていた女性は、百年に一度の津波のために海が見えない生活になるのは御免ですよと言ったあとで、小声でつけ加えた。

「でも、あんまり大きな声で言えなくてね。ここは一四軒の集落ですけど、津波で流された家が三軒あって、その人たちは高い防潮堤がほしいと思っているでしょうから」

ああ、そうかと気がついた。津波被害の大小により集落ごとで異なる防潮堤の是非は、さらに小さな集落のなかでも意見が分かれるのである。その先に踏み込もうとすると、ムラの微妙な人間関係の領域に入ってしまう。つくるのは無粋なコンクリート壁であっても、それを共有する住民たちの思いはデリケートである。

過疎と高齢化の集落と増えるシカ

さらに住民の意見調整や合意形成は、世帯の多い集落のほうがよりむずかしくなる。

神止集落から来た道をもどって鮪立地区に入ると、ここにはひときわ立派な家が目につく。これは「マグロ御殿」とよばれ、鮪立はその地名があらわしているように、かつてマグロ漁で栄えたところである。鮪立漁港は水深が深く、古くから天然の良港とされてきたという。だが、マグロ漁がよかったのは七〇年代あたりまでで、商社がマグロの買い付けをするようになると鮪立は活気を失っていった。高齢化が進んだ現在は、ホタテやワカメの養殖が中心だ。

マグロ漁で潤っていたころよりかなり減ったとはいえ、鮪立にはいまも約三〇〇世帯以上の住民が暮らしている。当然、さまざまな考えの住民がおり、新しい防潮堤の高さをめぐって意見調整が難航しているようだ。

県は当初、九・九メートルを提示したが、それでは高すぎると反対意見が多かった。話し合いをかさねた結果、五・五メートルの線にいちおう落ち着いたものの、それもまだ確定ではないらしい。高い防潮堤の反対理由としては、景観の悪化に加えて津波が来てもわからないなどの声があがっている。

かかえている懸案は、防潮堤ばかりではない。鮪立でも今回の津波で流された家は少なくなかったが、高台移転の用地をとりあえず一〇戸分確保したところ、移転に同意しない住民が出てきたらしい。

「移転といっても、背後はこんな山あいの地形だから、それほどに広い土地は確保できないんですよ。それで、いままで広くて立派な家に住んでいた人は、そんな小さな家には住みたくないというわけです。問題は一〇戸なら一〇戸全員がハンコを押さないと国からお金が降りないことで、ハンコがそろわないものだから、そこから先に話が進まない。防潮堤にしても、県は早く決めてくれないと予算がつかなくなると言ってくるし……」

住民のひとりは、ため息をついた。

どうやら被災地の復興が進まないのは、国や自治体の行政のせいばかりではない。肝心の被災住民レベルで物事がなかなか決まらない現実がある。鮪立地区では道路が一本しかないため、津波避難道路の必要性は住民全員が承知しているが、道路用地の確保をめぐり、これまた揉めているという。

かように物事が進まないのは、どの問題もおいそれと決められないむずかしさをはらんでいるからだが、加えて地域のリーダー不在も一因になっている。どこの集落も同じであろうけれども、昔のように「あの人がそう言うならしょうがない」と周囲が納得するような徳と実力をそなえたムラのボスがいなくなった。

リーダー不在の背景にあるのは過疎と高齢化であろう。昭和三〇年代、鮪立では高校進学者が少なく、多くは中学を卒業すると、すぐにマグロ船に乗り込んだ。高校や大学に進んで就職するよりも、そのほうが稼ぎになったからだ。いま地元に残って漁業を継ぐ者は少なく、かつてマグロ船で世界の海を経験した世代が船を降りて高齢化し、養殖漁業のムラとなって現在にいたっている。

元漁師の男性に話を聞きながら、ふと前方の草むらに目をやると、シカが数頭、草をはんでいた。このあたり近年、シカが増えているという。かつてのマグロの村は、人が減ったかわりに、シカが増殖中。こちらの様子をうかがいながらも平然と草を食っているシカの家族を眺めて、復興の足どりを重くする三陸の過疎と高齢化は深刻であるとの思いを強くした。

気仙沼——防潮堤は無粋なもの

気仙沼の中心部にもどり、気仙沼港を見て回ることにしたが、三陸を代表する漁港だけあって、停泊している漁船もさすがに大きい。カツオ、サンマ、カジキは国内有数の水揚げといい、魚市場などは端から端まで一キロメートルもある巨大なものだ。海を見下ろす高台に立派な観光ホテルもある。

震災で壊滅したであろう、もろもろの港湾施設はすっかり復興しているが、港周辺の陸地はかなりサラ地がひろがっている。大島と結ぶフェリー乗り場の近くに、森進一の「港町ブルース」の歌碑があり、津波でかなりダメージをうけているが、歌詞を刻んだ石板は健在だ。

近くに仮設店舗の飲食店が集まった「復興屋台村」がある。週末のせいか、けっこうな賑わいをみせているが、じつは魚くさいこの港に立ったときから、さきほどの唐桑半島の入り江と同じ海の高さを感じていた。ただ、正確にいうと唐桑半島とはちがっている。唐桑半島には低いながら防潮堤があったが、気仙沼港には防潮堤そのものがないからだ。震災で消滅したわけではなく、ここにはもともと防潮堤がないのである。

防潮堤がないのは内湾地区とよばれる気仙沼港の中心地で、商業施設の多い、いわば港町気仙沼の「顔」にあたるところだ。

そこに防潮堤がないのは、これまで壊滅的な津波被害をうけてこなかったからであろう。明治、昭和と過去二度の大津波で気仙沼市も小さくない被害をうけている。だが、その被害の多くは外洋に面した沿岸部で、細長く入り組んだ気仙沼湾の奥にある市の中心部については、それほど被害をうけなかったのではないか。『気仙沼市史』にも中心部の津波被害についての記述は見あたらない。

ちなみに明治の大津波で気仙沼中心部を襲った波高は三～四メートル、昭和の大津波では一・九メートルで、これまで見てきた三陸沿岸の各地区にくらべてかなり低い。当地を襲った災害としては、強風のせいで大正四年と昭和四年に市街地の多くを焼失する大火がおきており、こちらのほうが気仙沼の災害史にしっかり刻まれている。

ただ、昭和三五年のチリ地震津波で気仙沼の中心部は三・四メートルの海水に水没している。にもかかわらず、気仙沼港の中心部に防潮堤は築かれなかった。コンクリート建造物が命を守ると信じられていた時代に防潮堤ができなかったのは、古くから漁業と観光の町である気仙沼としては無粋な防潮堤をつくるわけにはいかなかったからだろう。

ところが今回の津波では、市の中心部で多くの被害が出た。三陸被災地の人的被害の傾向について調査した静岡大学防災総合センター牛山研究室は、気仙沼の特徴として自宅付近で命を落とした人が多いことをあげ、「気仙沼市の犠牲者のうち、過半数程度が津波到達時に自宅付近にいた者である可能性がある」と指摘している。

要するに逃げ遅れが多くの犠牲者を生んだのだが、これまで港の中心部に防潮堤がなく、かつ逃げ遅れた住民が多かったことを考えると、気仙沼中心部は津波襲来にたいする構えが緩かったといわなくてはならない。

こうした気仙沼の傾向の背景に、明治と昭和の大津波で被害が比較的軽微だったことが考えられるが、そもそもこの二つの大津波では、ともに岩手県よりも宮城県のほうが被害は少なかった。犠牲者の大ざっぱな数を比較すると、明治の大津波では岩手県が約一万八〇〇〇人だったのにたいして宮城県は約三四〇〇人。昭和の大津波では岩手県の約二七〇〇人にたいして宮城県は約三〇〇人である。明治大津波では岩手県の五分の一、昭和大津波では九分の一にすぎない。

この被害の大きさのちがいが、防潮堤の高さと、今回の震災で住民の避難行動の差を生んだと考えられるのである。

これはこの先、宮城県沿岸を南下して気づいたことだが、岩手県側であれほど目についた津波碑が、宮城県に入ると、ほとんど見られなくなった。津波をより身近な災害として自分たちの暮らしのなかに位置づけてきたのは、圧倒的に岩手県側であって、宮城県側はその印象がいかにも薄い。

ところが今回の大津波では、宮城県のほうが犠牲者は多かった。死者と行方不明者を合わせた数は、岩手県五八〇二人、宮城県一万七八〇人（平成二七年九月、警察庁調べ）で、宮城県のほうが二倍近く多い。

問題は、これまで岩手県ほど津波にたいする構えができていなかった宮城県が未曾有の被害をうけ、これに頭に血が上ったかのごとく村井知事が強硬な防潮堤計画を打ち出したことだ。もともと数メートルの防潮堤しかなかったところに、県が一〇メートルにつくりかえると言いだせば住民が困惑し、反発するのも無理はない。これが気仙沼を中心に宮城県で勃発した防潮堤騒動の構図である。

その困惑と反発の象徴が気仙沼港の内湾地区といえる。

県は当初、内湾地区に六・二メートルの防潮堤をつくるとして地元の猛反発をうけ、その後、五・一メートルに修正。それでも地元はいっこうに受けつけず、苦肉の策で県は防潮堤の壁面に透明のアクリルをはめこんで眺望を確保する案を出したが、住民に一蹴された。これにたいして地元は広くアイデアを募るコンペを独自に実施し、津波が襲来すれば海底から浮き上がる「直立浮上式防波堤」のプランを最優秀賞に決定。これならば景観は守られると喜んだのもつかの間、村井知事が実用性に問題ありと猛反対し、あえなく見送られた。

地元商工会では「港町の風情を損なう防潮堤の高さは、せいぜい腰高まで」としており、県が主張する五・一メートルとの距離はいっこうに縮まらないまま、双方の睨み合いがつづいている。

気仙沼港は古くから帆船が船出を待機した「風待ち」の港として栄えた港町で、蔵造りの商家などかつての記憶をとどめる歴史的建造物が残っていた。それらも今回の津波で多くが消失し、内湾地区を眺めても、残念ながら風情ある建物よりサラ地のほうがずっと目につく。多少とも防潮堤があったほうが風情は守られたかもしれない。

ここ内湾地区で風情を醸し出してきた魚町《さかなまち》周辺でも犠牲者が出ていることを考えると、県が「腰高の防潮堤」など論外とするのもこれまた無理はない気がする。

それにしても、海面がもうすぐそこまで迫っているので、波止場のへりにしゃがみこんで顔を近づけるに、海面との差は二〇センチほど。震災で八〇センチばかり地盤沈下したそうであるが、防潮堤をつくる前にとりあえず土嚢《どのう》でも積んだほうがいいのではないかと、よそ者ながらら心配になる。

気仙沼大島——高い防潮堤には懐疑的

翌日、波止場からフェリーに乗って大島へ向かった。ここでも防潮堤問題がくすぶっている。大島は気仙沼湾に浮かぶ島で、すぐそこに見えているが、こちらの港から、あちらの港まで二五分ほどかかる。

船内放送もなくエンジンのうなりが大きくなったと思ったら、連絡船はゆっくり動き出したが、出港してすぐ、港のむこうに屋根がドーム状になった高校の校舎が見えた。グラウンドがなく、屋上が体育館になっているらしい。それを見ても気仙沼の中心部に平地が少ないことがわかる。

船外の景色がたいして変わらぬうちに大島の浦の浜漁港に着いたが、船着き場にハーレーにまたがった中年の一団が乗船を待っていた。ゆうべ島の民宿に泊まったのだろうが、あんな集団に走り回られては、静かな島がさぞ迷惑しただろうと思う。バイク乗りをひとからげに嫌っているわけではないけれど、ハーレーというのは、これみよがしにふんぞり返った、あの乗車姿勢がまず気に入らない。あれは被災地を走る乗り物ではない。

浦の浜から海を背にまっすぐのびる道を進むと、一キロも行かないうちにむこう岸の田中浜に出た。

大島は南北五キロほどの島で、東西は短い。とくにいま走ってきた浦の浜から田中浜までは距離が短く、地形もなだらかなため、震災のとき太平洋側から来た津波が田中浜から駆け上がって浦の浜に抜け、島はふたつに分断されている。島民によると、明治の大津波のときは、もう一カ所、津波が東西に駆け抜けて島は三分割されたという。

田中浜はきれいな砂浜の海岸で、人の背丈ほどの防潮堤があるが、ところどころ破壊されたままになっている。

そこから南へ少しペダルを踏むと、まもなく小田の浜に着いた。ここもきれいな砂浜のつづく海岸で、環境省「快水浴場百選」のなかでも、とくにすぐれた特選に選ばれている。

その小田の浜のむこうに、島の東側で唯一の漁港の長崎漁港がある。県の計画ではここに一一・八メートルの防潮堤が築かれることになっている。気仙沼市の海岸でも一〇メートル超の防潮堤が計画されている地区はそれほど多くはない。太平洋側なので、今回かなり大きな津波に見舞われたようだ。

「ほら、あそこに小さな島があるでしょう。小前見島《こまえみじま》という無人島ですが、津波はあの島を乗り越えて、この漁港を襲ったんです。高さは、そう、二〇メートル近くあったでしょうね」

波止場で沖を眺めていた男性が教えてくれた。スラックスにサンダル履き。漁師には見えない。聞けば仙台在住のサラリーマンで、九月の連休を利用して故郷の大島に帰省中とのことだった。男性もまた独自の視点から高い防潮堤には懐疑的である。

「仮にこの港に高い防潮堤を築いて津波を防いだとして、その防いだ分の海水はどこへ行くんでしょうね。結局、島のどこかへ行くわけでしょう。同じことじゃないですか。津波の容積は変わらないわけですから」

いっぽう、島の西側、気仙沼湾に面した要害《ようがい》漁港では七メートルの防潮堤が計画されている。ワカメの養殖がさかんなこの地区の漁師は、

「うーん、おれの知るかぎり、防潮堤を早くつくってくれという声は聞いたことがないんだけどね」

と、県の計画に首をひねる。

「だいたい津波なんて防潮堤で防げるもんでねえしなあ。部分的には高い防潮堤が必要なところもあると思うけどね。だけど漁師は毎朝、海を見て仕事をする。海の色と波、それから風向きだな。今日はどのくらいのシケか、沖はどのくらい波が立っているか、その日の海を見て判断するんだ。大きな壁ができて海が見えなくなったら、やっぱし、どうもやりにくいなあ」

この島では気仙沼の内湾地区のように声高に防潮堤に反対する声は聞こえてこない。賛成か反対かと問われたら反対であろうけれども、「高い防潮堤なんかべつにいらないんだけどなあ」という困惑の体《てい》がもっとも支配的な印象をうける。

気仙沼の市街地とちがって昔から津波とじかに接してきた人たちが暮らす島であり、なんとなく津波のやり過ごし方も心得ているような、海の民のゆとりといったものが感じられる。そ

んな島にも、大上段に振りかざした硬直的な県の防災施策の余震がおよび、波紋をひきおこしている。

「これも津波対策とかで最近、港の岸壁が一メートル高くなったんですよ。そのせいで船から荷を上げるのが大変になってね。港湾強化のためにはそのほうがいいのかもしれないが、漁師にはえらい迷惑だ。結局、国や県の考えるいい岸壁と漁師にとっていい岸壁はちがうのさ。そこんところ、わかってくれたらいいだども」

海辺で網の手入れをしていた漁師がそうこぼした。

じつは昨夜、ホテルの部屋で地図を開き、大島に渡るか、このまま陸地を先に進むかで迷ったが、大島に来てよかったと思う。気仙沼の市街地はもちろん、唐桑半島ともちがう島の空気や漁師の思いに多少ともふれることができたような気がする。

ただ、おだやかな表情をしたいい島であるが、ここには食事をとるところがない。震災前はあったのかもしれないが、波止場にもそれらしい店は見あたらず、午後早めの船でもどることにした。カモメの群れとともに湾を航行する大島汽船ものんびりした風情があってなかなかいいけれども、自転車だと通常運賃に三〇〇円プラスされる。しめて往復一四〇〇円は、距離のわりに少々高い。

第七章　無人海岸と巨大防潮堤

気仙沼―小泉海岸―南三陸
〈二〇一三年一二月〉

低い防潮堤がつづく道

車内の暖房のせいか、ナガイさんが本を読みながら居眠りをしている。東北新幹線から一ノ関で乗り継いだ大船渡線は、冬枯れの田畑のなかを進む。農家の軒先に干し柿が吊るされ、遠方の山はもううっすらと白い。

昼前に気仙沼に着いたが、この町に来るのは前回につづいて二回目だ。この前はまだセミが鳴いていたけれども、あれから季節が進み、今回は自転車を組み立てると、ニット帽をまぶかに被って出発した。

港に出て南下しはじめると、長大な魚市場の背後にひろがる一帯がすっかりサラ地になっている。気仙沼湾と川にはさまれたこのエリアは土地が低く、気仙沼の中心部でもっとも被害の大きかったところである。川を渡って県道に出て、しばらく走ると国道45号に合流した。国道は走りたくないが、これしか道がない。

道はやがて海岸に近づいたが、海岸線には防潮堤がつづいている。防潮堤といっても海面からせいぜい数メートルしかない。宮城県に入ると防潮堤がにわかに貧弱になったのは前回から実感しているが、それにしても岩手県側で見てきた、そびえるような防潮堤との落差が大きい。だが、しばらくペダルを踏むうちに、ちょっと待てよと思った。

防潮堤が貧弱に見えるのは、われわれが三陸海岸を八戸から南下してきたからで、もし宮城県側から北上していたら、岩手県側の高い防潮堤に違和感をもったにちがいない。どちらを基準にするかで、印象はまったくちがってくる。そして、宮城県の旧来の防潮堤を基準にすると、いま県が建設を進めようとしている新しい防潮堤は、異様ともいえる建造物になってしまう。

そんな「異様な建造物」がつくられようとしているとしてメディアがよく取り上げている小泉海岸が気仙沼市南端にあるが、そこへは明日行くとして、この日はその途中にある波路上《はじかみ》地区をまわることにした。

国道から二キロ分ほど海にせり出た平坦地のこの一帯は、今回の津波で二〇八人が犠牲になっている。これは気仙沼市のなかで人口の多い市中心部に次ぐ数である。

波路上——くりかえされた激甚災害

国道を左折して波路上地区にはいると、巨大な焼却施設があった。震災の瓦礫処理のために高校の敷地に設置されたもので、この地区でひときわ目につくのがこれだ。焼却施設とその横にある鉄筋四階建ての校舎を除けば建造物らしいものはなく、荒れ地となった平原がとりとめなくひろがっている。

焼却施設の手前、国道寄りのところにお寺があった。臨済宗妙心寺派地福寺《じふくじ》とある。訪ねてみると、住職の片山秀光《しゅうこう》さんが招き入れてくれた。

「あの日、津波はあそこまで来ましてね」

と住職が指さした室内の柱に、津波の浸水線を示す表示が貼りつけられている。天井まであと二〇センチほどのところである。地図で見ると、海岸からこのお寺まで七〇〇～八〇〇メートルほど離れている。ここより海寄りにあった家々は消え、このお寺の檀家だけで一五〇人亡くなったという。

「家族で亡くなられた家が多いんです。こちらへどうぞ」

案内された本堂の小部屋には、いくつも棚が設けられ、たくさんのお骨《こつ》と遺影が家族ごとに安置されていた。

「こちらは息子さんとお母さん、ここはおばあちゃんと孫。それから、ここは一家七人亡くなられました」

高齢者をかかえていて避難に手間どり、逃げ遅れたケースが少なくないという。現実は「てんでんこ」の教えどおりにはいかない事情が垣間見える。毎月一一日の月命日には多くの遺族が訪れるが、最近はその姿も減り気味らしい。震災からすでに二年九カ月が経過している。

「思いはあっても、みなさん、それぞれに日々の暮らしがありますからね。悲しいことだが、やむをえませんな」

住職はそう言う。

地福寺は江戸中期の創建で、明治の大津波では、ここに役場の救災事務所と日本赤十字の臨時病院が置かれている。当時、この地は階上《はしかみ》村明戸《あけど》といったが、海岸を九・二メートルの津波が襲い、明戸集落の住民五八八人中、四三三人が死亡したという。

津波襲来の翌日から地福寺は野戦病院と化した。本堂は、ふとんが敷き詰められて病室となり、廊下には畳と戸板が積み上げられ、その上で手術がおこなわれた。臨時病院は二〇日間におよび、その間の診療患者数は一二一人。うち入院患者は二八人で、外来患者九三人中、死亡が六人という記録が残っている。いっぽう、境内には続々と運び込まれる遺骸が安置され、筵がかけられた。増えつづける犠牲者に葬儀屋の棺桶が底を尽き、やむなく一家ごと長持に納めたという話も伝わっている。

命をつないだ人もそうでない人も、まとめて地福寺が面倒をみたことになるが、こうした明戸集落の惨状を見て、集落の高台移転を指示した中央政府の要人がいた。現地視察をおこなった当時の内務大臣、板垣退助である。『気仙沼市史』によると、板垣は陸地寄りのところにあらたに道路を通し、その両側に被災者の住宅を再建させた。

この集団移転はみごとに成功した。昭和八年の大津波で明戸集落の犠牲者はわずか一人にとどまっている。

ところがその後、もとの低地にもどる住民が出てきた。分家が増えたのと、漁師が陸地の家から浜まで通う労を嫌ったためで、いつしかかつての居住地に集落が形成され、そこで漁業がいとなまれるようになっていた。

そして昭和の大津波から七八年後に起きたのが今回の震災である。なぜ今回また多くの犠牲者を出すことになったのか。

「明治の津波で被災し、今回また被災した家がけっこうあるんですよ。ただ、今回の震災ではこれまでの津波経験がかえって徒《あだ》になったと思う。津波を何度も経験したことが津波への警戒心を薄くしてしまっていたのではないか。早い話、私自身、ここまで津波が来るとはまったく思っていなかった。明治の津波災害で臨時病院になったところですよ、ここは。そこへまさか津波が天井近くまで来るとはね」

片山住職はそう言って口を結んだ。

「森の防潮堤」という考え方

波路上地区では海岸から地福寺の手前まで災害危険区域に指定され、居住することができなくなった。住民の多くは仮設住宅で暮らしており、今後、造成した高台に家を建てるか、災害公営住宅に入るか、決めかねている世帯が多いという。被災住民の居住地も定まらないなかで、「防潮堤計画だけは着々と進んでいましてね」と住職はため息をついた。

気仙沼の甚大な被害と復興への歩みを伝える「震災復興語り部」のメンバーである住職は、防潮堤反対のスタンスを明確にしている。住職によると、かつて良質なアワビやタコやカニがとれた明戸の浜が昭和三〇年代後半に防潮堤が築かれると、急速に豊かさを失ったという。つまり、海岸をコンクリートで固めると海は死ぬというのだ。

近年、森と海の有機的な結びつきが明らかにされ、ミネラルなど森の栄養分が海に注ぎ、それがプランクトンを育てて海の生き物を豊かに育むことがわかってきた。山から海への栄養分の運搬は川が担っているが、それだけでなく、じつは陸と海をつなぐパイプとして地下水が重要な役割をはたしていることがわかってきたという。その地下水脈の流入を遮断してしまうのが防潮堤やコンクリート護岸だというわけである。

豊かな海をとりもどすために防潮堤を否定するのは、漁業で生きてきた三陸ではひとつの選択肢になろう。ただし、仮に防潮堤をなくした場合、津波や高潮の襲来にどう対処するか。そこで、防潮堤反対派が注目しているのが「森の防潮堤」である。

これは生態学者の宮脇昭・横浜国立大学名誉教授が提唱したもので、海岸にその土地に適した多様な樹木を植えて森をつくりあげ、それによって津波をうけとめてパワーを減殺させようというものだ。従来の防潮林は松林であったが、マツは潮風に強く生長が早いものの、根のふんばりが弱い。それは高田松原が今回の津波で一掃されたことでもわかる。

これにたいして「森の防潮堤」は、その土地本来の気候風土に合った常緑広葉樹による混林であり、そうすることでしっかり根の張った災害に強い森ができあがるという。

植えた苗木が一〇メートルの高さになるのに二〇年ほど要するが、年月がたつほどに木々は生長して森は生長していく。つまり、自然の摂理にしたがって防災機能が高まっていくことになる。完成したときから劣化がはじまり、耐用年数五〇年といわれるコンクリート建造物とは対照的だ。仮に森の一部が欠損しても、時間がたてば自然の力で修復される強みもある。

コンクリートの防潮堤とちがって環境に負荷を与えず、景観をこわすこともない。さらに、津波の引き波にさらわれた人が木々の枝にひっかかって助かる公算が高いと、提唱者の宮脇名誉教授は指摘している。

この「森の防潮堤」は、すでに宮城県岩沼市や岩手県大槌町などで賛同者による地域運動として苗木の植樹がおこなわれているが、じつは片山住職も地元でこの取り組みを手がける中心人物である。

「津波をブロックするのではなく、森林によってその力をやわらげて、広い後背地全体で波を受けとめるようにしたらいい。海辺にはもう人は住まないのだから、充分に可能でしょう。今回の津波が私たちに何をもたらしたかというと、昔の海にもどしてくれたわけです。津波が防潮堤を壊して、そこに汽水域《きすいいき》が生まれた。そのままにしておけば、そこはいずれ生物の宝庫になる。せっかく昔の海にもどしてくれたのに、また人工の構築物をつくってはいけない」

津波が昔の海にもどした、という住職の言葉は印象的であった。

地福寺を辞して浜のほうへ向かうと、海岸ぎわに墓地があり、ほとんどの墓石が倒れたままになっている。地福寺にたくさんのお骨が納骨されずに保管されていたのも、この墓地の様子を見て納得した。

防潮堤は三メートルくらいの高さで、海側には消波ブロックが積み上げられ、曇天の下で冬の鉛色の海から押し寄せる波が白いしぶきをあげている。片山住職が子どものころ、ここは砂浜だったという。チリ地震津波を契機に防潮堤が築かれたが、それから半世紀後におきた今回の大津波にはまったく用をなさなかった。

そこで、より強大な防御壁を築こうとしているのが国や県で、ここには九・八メートルの防潮堤が計画されている。これにたいして、従来とはまったく異なる発想で津波と向き合おうとしているのが片山住職らの取り組みだ。つまり、自然現象である津波には森林という自然物によって柔軟に対処すべしというもので、これはコンクリート建造物の限界を知ったところから生まれた発想といえる。

なによりもリアルな現実がある

防潮堤は高いほど津波を防ぐ可能性は大きくなるが、高くするほどに反発や懸念の声が強まる。ことに宮城県においてその傾向は強い。宮城県の計画でもっとも高い防潮堤は、気仙沼市の南にある小泉海岸の一四・七メートルである。二番目が一一・三メートルだから、小泉海岸で計画されている防潮堤は際立って高い。したがって、ここに巨大防潮堤批判の矛先が集まるのも当然であろう。

その小泉海岸は、砂浜のつづく、なかなか雄大な海岸であった。津波で流されたらしく浜辺には建造物は何もなく、人影もない。冬の吹きさらしの海岸に波が打ち寄せているだけである。浜辺のずっと先に四角い建物のようなものが見える。やっと見つけた地元の男性に話を聞くと、ここは以前、夏には海水浴場としてにぎわったところで、遠方に見える建物はホテルだったという。昔はその近くにボウリング場と遊園地もあり、海岸には松林と防潮堤が築かれ、夏になると海水浴客の車の渋滞ができたそうだ。

いまの小泉海岸からは往時の光景をイメージすることはできない。レジャー施設も松林もなくなり、茫漠とした海岸がつづくばかりで、浜から数十メートルばかり先の海中から破壊された防潮堤が突き出ている。ここもかなり地盤沈下したようだ。海辺のホテルは、震災の何年も前に廃業していたらしく、

「使われなくなったホテルだけ残って、ほかの建物はみんななくなってしまった」
と浜辺にいた男性は言った。津波が昔の海にもどすというのは本当である。
もっとも、計画どおりに進めば、この海岸の風景は、巨大防潮堤によってふたたび一変することになる。

高さ一四・七メートルは、岩手県普代村の防潮堤よりも少し低く、田老であらたに築かれる防潮堤もこれと同じであるから、その高さにはそれほど驚かない。注目すべきは計画されている防潮堤底辺の幅が一〇〇メートルあることだ。高さ一五メートル弱にたいして幅一〇〇メートル。富士山のごとく雄大な裾野をもった建造物が、多くの砂浜をつぶして、この寂寥《せきりょう》とした海岸に総延長一キロメートルにわたり出現するのである。想像するに、その光景はいかにも唐突で滑稽ですらある。

築かれる防潮堤の背後には、震災前まで小泉地区の集落があり、そこには公民館も郵便局も農協もあったが、津波で流され、いまは何もない。この小泉地区は半農半漁の地域で周囲には農地が多い。集落がなくなり、その跡地は災害危険区域となって居住できなくなった現在、巨大防潮堤が守るものは、地盤沈下で湿地となった農地ぐらいしかない。

だれもが首をひねるところに巨大防潮堤が築かれる。この素朴な疑問に、国や県は防潮堤には人命や集落を守るだけではなく「国土保全」の目的もある、という回答を用意しているようだが、これに納得する人は少数であろう。ちなみに一四・七メートルという高さは、数十年か

ポツンと海に浮かぶホテルの残骸（小泉海岸）

ら百数十年に一度おこる津波の高さ設定をもとに景観や利便性も考慮のうえで決定したとされ、県が定めた各地区の防潮堤の高さは、すべてそのようにして決められている。

この計画にたいして小泉地区ではとくに反対運動などはおきず、防潮堤建設のための用地買収も比較的スムーズに進んだという。その背景として、防潮堤をつくらないと後背地の造成ができないという防潮堤を前提とした復興計画が進められていること、浸水した低地でも高く買われるなどの事情があったというが、そればかりではなさそうだ。

海辺で会った男性は、巨大防潮堤計画についてたずねると、「ああ、つくることが決まったみたいだね」と素っ気ない反応だった。この男性だけではない。消滅した小泉集落の中心部近くの高台に数軒だけ流されずに残った人家がある。そのなかの一軒を訪ねると、応対に出た年配の女性は、防潮堤計画について「わたし、あまり知らなくて」と申し訳なさそうな顔をした。

メディアの批判をこめた熱っぽい報道とは対照的に、当の地元住民たちのトーンは意外に低い。だが、無関心という表現で片づけることはできない。住民は防潮堤どころではなかったのであろう。五一八世帯、人口一八一〇人の小泉地区では、半数の二六六世帯が全半壊し、四三人の死者・行方不明者を出した。被災世帯は現在も三カ所の高台に設けられた仮設住宅で暮らしている。

防潮堤計画について多くを知らなかった高台に住む女性も、あの日、陸地にせりあがってくる津波に驚き、自宅からさらに高台へと避難した。当時、家には九五歳と八八歳の老人がおり、ふたりとも認知症をわずらっていた。この家の嫁とおぼしき女性は、ふたりの老人を支えながら避難している。そして翌日から、家が残ったために、ろくに援助がまわらない苦難の日々がつづいたはずだ。

住民の身の安全を守るのが防災対策の第一義であるなら、避難場所・避難路の確保と非常時のサポート態勢の確立こそ優先されなければならない。にもかかわらず、だれが望んでいるわけでもない巨大防潮堤が巨費を注いでつくられようとしている摩訶不思議な現実がある。

さらにいえば、あの日、九五歳と八八歳のふたりの痴呆老人をかかえて避難しなければならなかったリアルな現実の前では、「森の防潮堤」も都会人のユートピア構想に思えてくる。

歌津——海の見えない港

小泉海岸から南下するとまもなく南三陸町に入り、しばらく山あいをたどって、歌津《うたつ》の伊里《いさと》前《まえ》漁港に出た。港の護岸にあらたに整備されたらしい白く立派な堤防が築かれていて、それに遮られて道路から海は見えない。たしかに、港にいるのに海の表情が見えないというのも変なものである。

近づいてみると、ナガイさんの背丈の三倍くらいの高さがあり、海面からだと七〜八メートルはありそうだ。すると、このくらいの高さの防潮堤が築かれると、だいたいこんな感じかと思う。周囲の建物や風景とのバランスによって印象は異なるだろうけれども、威圧感を感じるほどではない。ただし、これが一〇メートルをこえると、また様相がかなり変わりそうである。

ただ、岩手県の田老や普代村の巨大防潮堤を見てあまり違和感をおぼえなかったのは、防潮堤のコンクリートが経年によってすっかり退色し黒ずみ、それなりに周囲の風景と溶けこんでいたからではないか。伊里前漁港の白く真新しい堤防を見て、そんな気がした。そういう意味では、ぶっきらぼうなコンクリート壁面の彩色は重要かもしれない。

このあたりに点在する小さな漁港は、いずれも八・七メートルの防潮堤が計画されているが、そのひとつ清水漁港に立ち寄ると、人の背丈ほどの古い防潮堤があった。

地元の漁師によると、チリ地震津波でこの防潮堤が築かれる以前は石垣が組まれていただけだったという。したがって、この漁港では昭和三〇年代以降、浜の防御は石垣から二メートル弱のコンクリート壁、さらに八・七メートルの防潮堤へと変わることになる。

厳密にいえば、現在の防潮堤の二メートル弱というのは地上からの高さで、通常、防潮堤の高さは海面からの数値で示されるから、それでいくと約四メートル。計画どおりに進めば防潮堤は二倍以上の高さになるが、地元ではとくに反対の声はあがっていない。

「海は見えなくなるけど、まあ、しょうがないべ」

浜にいた漁師はそう言ったが、この人は震災まで海辺に住んでいた。住居は津波で流され、高台に移り住むことになったが、もともと海辺で漁業をいとなんでいたこの人の家が移転するのは、これが三回目である。

まず昭和八年の津波で家を流され、祖父が港から離れた奥地に移っている。その後、チリ地震津波後の昭和三八年に父親がもといた海辺にもどり、そこにふたたび家をかまえた。以後、今回の震災までずっとそこで暮らしていたという。つまり大津波のたびに移転をくりかえしており、これは三陸の漁民のいわば動態サイクルといってよい。

そして、これまで三陸をながめてきて思うのは、このサイクルを止めるのは容易ではないだろうということだ。

くりかえす移住のサイクル

災害危険区域に住居用建物が建てられないことは建築基準法で定められているが、三陸でくりかえされてきたこのサイクルを公的規制でくいとめることができるなら、津波による人的被害はもう激減しているはずである。

たびたび引き合いに出すけれども、山口弥一郎は『津浪と村』で、昭和八年の大津波の復興について、宮城県では県令によって罹災地での復興を厳禁し、「むしろ八年の復興にあたっては、村の転移を行わないのが希有なほどになった」と書いている。つまり、行政は強い公的規制をもって沿岸集落の高台移転を強力に推し進めたのである。

だが、その結果はどうであったか。重茂半島の姉吉や大船渡市の吉浜といった、ごく例外をのぞいて、ことごとくかつての低地に集落はもどっている。「転移を行わないのが希有なほど」高台に移ったにもかかわらず、その場所にとどまった集落もまた希有だった。

三陸の集落移転がいつからはじまったかは不明で、江戸時代にそれがおこなわれたことを示す文献は見つかっていないらしい。しかし明治の大津波からはじまったとは考えにくく、前述した岩手県山田町の船越湾に伝わった「役小角《えんのおづの》伝説」は、高台移転が大昔からおこなわれていたことをうかがわせる。

三陸の漁民は大津波を経験するたびに海辺には住むまいと心に誓うものの、年月とともにその誓いは風化し、いつしか暮らしの便利な海辺にもどってしまう。やがてまた大津波に襲われ、高台に移りと、それを古来ずっとくりかえしてきたのではないか。そう考えると、今次の大津波をもって三陸の漁民が海辺に住まなくなるとは思えない。

ただし近年、海辺への復原力はかなり弱まっている。かつて海辺回帰の推進力となったのは分家であったが、これは人口増加時代の話で、三陸の過疎と高齢化が進んだ現在、その推進力はない。車を使うことで高台から浜まで通うのも容易になった。今回の津波襲来以前から漁師の職住分離はすでにある程度進んでいる。

しかし、それでも海辺と高台の移住をくりかえすサイクルがなくならないと思うのは、海の恵みによって糧を得るという漁民のいとなみにおいて、海辺で暮らすことがもっとも自然で理にかなっているからである。もっといえば、漁民にはつねに海辺に吸い寄せられていくDNAが組み込まれているのであろう。それがあるから、三陸は大津波に見舞われても、そのつど復興をとげてきたのではないか。

そうした漁民の習性を考えると、防潮堤という建造物を否定することはできない。「住民が高台移転をするのに防潮堤をつくるのは無駄な二重公共投資だ」という指摘は正しいけれども、まちがってもいる。たとえ高台に移転しても、いずれ浜にもどってくるのが漁民だとすると、海辺の防御機能をなくすことはむずかしい。防潮堤をつくるから漁民がもどってくるのだという見方もできようが、防潮堤があろうとなかろうと、漁民は海辺にもどるのである。

じつはこうした漁民の習性と国の防災対策の基本方針は、期せずして合致している。

東日本大震災をうけて国は、今回のような何百年に一度の最大クラスの津波は防護対象としない方針を決めている。各県の防潮堤計画が数十年から百数十年に一度おきる、そこそこの大きさの津波を基準につくられたのは、そのためだ。もし最大クラスの津波を基準にすると、とてつもない高さの防潮堤になってしまう。そこで、防潮堤の高さは現実的な線に抑えるいっぽう、沿岸住民の安全を確保するために高台移転を進めるという方針がとられることになった。

つまり、国の津波防災の基本はあくまでも防潮堤であり、復興事業も防潮堤ありきを前提としている。国のコンクリート信仰は、容易なことでは打ち砕けそうになく、始末に負えないほど頑強だ。しかし、そのおかげで海辺への帰巣本能をもつ漁民への防御機能が確保されることになるのである。

ボランティアの若者たち

南三陸町の小漁港をまわるうちに、チラついていた雪が本降りになり、息でメガネが曇るようになってきた。ペダルのピッチをあげて先を急ぎ、夕方、予約しておいた民宿に入ったが、これがどうにも困った宿であった。

エアコンをつけても部屋はいっこう暖まらず、寒さを訴えたら石油ヒーターをもってきたが、これが燃焼不良なのか、ニオイで頭が痛くなってきた。風呂にいくと、浴室はべらぼうに寒いのに、湯船の湯が熱すぎて入れない。食事の用意ができて階下の広間に行くと、テーブルの上にカキ料理が並んでいる。カキは嫌いではないけれど、生ガキ、蒸しガキ、カキの酢のもの、カキの燻製と、どれも冷たい料理ばかりで、これならばと箸をのばしたカキフライもすっかり冷えて、ぐにゃりとしていた。

温厚なナガイさんは文句もいわず箸をつけているが、こちらはそろそろ沸点に近い。だが、雪の降る夜にこんな冷えたカキばかり食えるかと声をあげなかったのは、同席していた若者グループのおかげである。

男女ふたりずつのそのグループは、ボランティアの若者たちであった。聞けば四人とも二〇代の社会人で、ひとりは愛知県から、残りの三人は大阪から来ており、それぞれ何度も南三陸町に通ううちに、こちらで知り合った仲間らしい。

リーダー格の愛知県の青年は、震災直後から週末を利用してもう何十回も三陸に通っており、そのために一〇〇万円近く費やしているという。一時にくらべてボランティアの数はかなり減ったそうだが、瓦礫撤去や漁具の修繕、カキの種付けなど、まだまだ人手を要する仕事はたくさんあるらしい。

大阪からだとここまで車で一三時間かかるそうで、金曜日の夜に大阪を発ち、どこかで仮眠をとって、南三陸町に到着するのは土曜日の昼ごろになる。日曜日の午後に帰途につかないといけないから、それまで寸暇を惜しんでボランティア活動に精を出す。往復のガソリン代や食事代で出費がかさむので、節約のためにふだんは車中泊やテントで泊まることが多く、たまに民宿に泊まるのだそうだ。この日は、そのたまの日だったらしい。

「震災の報道をみて、こんなことが現実にあるのかと思い、自分の目で現地を見てこようと思ったのがはじまりでした。これからも、月に一回くらいになるかもしれないけれど、ずっとつづけます」

リーダー格の青年は言ったが、かれらの話を聞くうちに、寒いの、マズイのと文句をたれていたことを少々反省した。考えてみれば、ここは被災地であり、この集落にもともとあった一〇軒の民宿のうち、七軒が流されている。泊まったのは、残った三軒のなかのひとつである。

四人は、われわれの隣の部屋に男女ひっくるめての雑魚《ざこ》寝らしく、夜一〇時ごろまで話し声が聞こえていたが、その後、ぴたりと静かになった。

志津川——防災対策庁舎に残る痕跡

翌朝目覚めると、窓の外は雪景色になっていた。道路も畑も真っ白で、雪はまだ降りつづいている。

朝食をとって部屋にもどってくると、隣室のボランティアの若者たちはもういなくなっていたが、朝寝坊の自転車乗りは雪のなかを出動する元気がない。部屋で時間をつぶし、薄日がさしてきたのを見てようやく腰をあげた。

積雪といっても一〇センチもないので乗れないことはないけれど、もう南三陸町の中心部まで近いため、自転車をころがして雪道を歩いて行くことにした。

海岸沿いに行くと、南三陸町の中心漁港である志津川漁港に出た。ここは防潮堤が原形をとどめないくらい破壊されている。岩手県沿岸でよく見た光景であるが、宮城県に入ってからは、こういう壊れかたをした防潮堤を見るのは初めてである。

南三陸町は被害の大きかったところで、死者・行方不明者は八三四人。人口に占める犠牲者率は五パーセント近く、これは県内で女川町《おながわ》につぐ数字だ。

倒壊した防潮堤のところから、平原になった市街地のほうに目をやると、鉄筋だけの三階建ての建物が見える。町職員ら四三人が犠牲になった防災対策庁舎で、若い女性職員が最後まで町民に避難を呼びかけつづけた場所である。

近づくと建物の入り口前に献花台が据えられ、小さな地蔵が置かれている。その前で手を合わせる人の姿も多い。よく見ると、建物の鉄骨は歪み、階段の手すりはひしゃげ、剝き出しになった配線が天井から垂れ下がっている。

この庁舎は海岸から約五〇〇メートル離れているが、海岸とほぼ同じ高さの平地にある。せめて五メートルでも海岸よりも高い土地に建っていれば、悲劇はおきなかったかもしれない。

あの日、志津川漁港を襲った津波は一五・五メートルで、防災対策庁舎の屋上は地上から一二メートルだった。

南三陸町はチリ地震津波でも大きな被害を出している。当時の志津川町の犠牲者は四一人で、

南三陸の防災庁舎（志津川）

これはこの津波による全国の犠牲者一三九人のじつに三分の一を占める。なぜ志津川町にこれほど被害が集中したのか、『志津川町誌』をひもといても、その要因についての記述はない。

理由は不明ながら、志津川町はチリ地震津波で大きな被害を出した。このことがその後の津波対策に決定的な影響をもたらしたと思われる。三陸沿岸の既存防潮堤の高さはチリ地震津波の波高を基準にして定められたところが多く、志津川町ばかりではない。ただ、志津川町の場合、被害が際立って大きかったために、チリ地震津波が残した数字をクリアすることに主眼が置かれすぎたのではないかと推測する。しかも、その数字は明治や昭和の大津波とくらべてかなり低いものであった。

チリ地震津波の志津川町市街地の浸水高は二・四メートルである。防災対策庁舎は震災の一六年前、平成七年（一九九五）に建設されたものだが、その屋上は避難場所になっていた。海岸と変わらない低地の立地ながら、高さ一二メートルの屋上は、チリ津波の浸水高がはるかにおよばない高さだった。

しかし、今回の巨大津波はそれを乗り越えた。あの日、志津川湾を襲った津波は土砂をまきあげながら庁舎を呑みこんだのであろう。その痕跡を鉄骨姿の屋上に見つけることができる。町の職員らが駆け上がったにもかかわらず多くの人が犠牲になったその屋上に目を凝らすと、樋《とい》に生えたわずかな雑草が枯れ、寒風に揺れていた。

（この南三陸町防災対策庁舎をめぐっては、保存か解体かで長く協議されていたが、平成二七年七月、震災から二〇年後まで県有化して保存されることが決まっている）

第八章　雄勝半島の消えた町

石巻―雄勝―女川―牡鹿半島―石巻
〈二〇一四年九月〉

大川小学校――予期することのむずかしさ

新幹線、東北本線、石巻線と乗り継いで、石巻駅の二つ手前の鹿又《かのまた》駅で下車した。石巻市内であるが、ローカル線の無人駅の駅前は殺風景で、周辺にはまばらな宅地がひろがっている。

前回は南三陸町で走り終えたから、石巻市内から走りはじめるのはおかしいのだが、足の便や宿泊地の都合などもろもろを勘案して、鹿又をスタート地点とした。これだと約三〇キロの未走区間ができてしまうので、できれば避けたかったが、ほかに妙案はない。それにここからスタートすると、一カ所、立ち寄らなくてはいけないところへ行くのに都合がよかった。

鹿又から北へ少し進むと北上川が流れている。この川を下流に十数キロ行ったところに、今回の津波で悲劇の舞台となった石巻市立大川小学校がある。全校児童の七割にあたる七四人の児童と一〇人の教職員が死亡・行方不明になった大川小学校へ足を向けるのは、どうも気が進まず、じつは頬被りしようかと思っていた。しかし、被災地めぐりをしている以上、やはり見ておかなければと思い直し、鹿又から北上川を下ることにしたのだった。

北上川は悠々と流れる大河の風格をもった川で、堤防を兼ねた県道が河口のほうまでつづいている。なだらかな地形のなかをゆったり流れる北上川を下っていくと、やがて立派な橋が見えてきた。それは新北上大橋といい、橋のたもとから右手に少し下った低地に廃墟のような建物跡があった。大川小学校であった。北上川河口まで四キロほどの地点である。

もともとこの小学校は集落のなかにあったが、家々はすべてなくなり、原っぱのなかに無残な校舎だけが残っている。近づいてみると、窓ガラスのないコンクリート建造物が野ざらしになっており、校舎と校舎を立体的につないでいた渡り廊下が倒壊している。校舎内には立ち入ることができず、外から暗い建物内に目を凝らすと、クラスを表示した「3-1」と書かれたプレートが見えた。あの日から時間が止まったままになっているのがわかる。

ひと気のなかった学校跡に、やがて一台の観光バスがやってくると、ぞろぞろと人が降りてきた。被災地見学の一団らしい。みな神妙な面持ちで祭壇に手を合わせ、校庭を歩いている。ただ、あまり長い時間はいない。ひとしきり見学すると潮がひいたようにいなくなるが、しば

新北上大橋のたもとから見た大川小学校

らくすると、また次の一団がやってくる。そして、つかの間、人の群れができて消えていく。終日、それがくりかえされているのであろう。

　こうした光景を地元の人たちがどう見ているか、気にならないでもない。

　見学者は若い人が多いが、なかには場をわきまえない者もいて、学校の横にある山の急斜面にのぼって嬌声をあげている数人のグループがいた。まもなく、ひどく憤慨した様子の地元住民らしき男性が、かれらに近づいていった。

　この大川小のすぐ裏手にある山は、地元住民、とくに犠牲になった子どもたちの遺族にとっては、複雑な思いがこめられているところだ。

　新聞報道によれば、あの日、大きな地震のあと児童は校庭に集められ、大津波警報が発表されたのをうけて教員らは対応を協議。結局、学校から二〇〇メートル離れた新北上大橋のたもとに移動することにした。

そこは周囲の堤防よりも小高くなっている。だが移動しはじめてまもなく、堤防を乗り越えてきた津波が児童と教員らを襲い、合わせて八四人が犠牲になった。このとき列の後方にいた児童数人と教員一人は、とっさに校庭の裏山に駆け上がり助かっている。

後日、なぜすぐに裏山に避難しなかったのかと児童の遺族から学校側の対応に疑問が呈された。教員らは裏山に避難することも検討したが、急斜面で足場が悪いことから、橋のたもとへの移動を決めたという。結果的に学校は津波が来るほうへ児童を誘導したことになる。

この大川小学校の悲劇をめぐっては、石巻市教育委員会の事後対応に遺族側が強く反発している。この問題を掘り下げた『あのとき、大川小学校で何が起きたのか』（池上正樹・加藤順子著）を読むかぎり、地震のあと避難行動に移るまでの間に児童が「山に逃げよう」と言っていたにもかかわらず、聞き取り調査をした教育委員会がその言葉をモミ消そうとしたことは否定できない。さらに市長や大川小の校長の対応に不満や不信感をつのらせる遺族は多いようだ。

ただ、現地に来てみて、率直なところ、ここで津波の襲来を予期するのはかなりむずかしいのではないかと感じる。新北上大橋の上から河口方向に目を凝らしても、海を望むことはできない。仮に海が見えたとしても、河口から四キロ離れたここまで津波が来ることを震災前、実際にイメージできた人がどれだけいただろうかという気がする。

大川小のある釜谷《かまや》地区には津波が来た歴史はないというし、地元住民もここに津波が来るという意識はもっていなかった。石巻市のハザードマップにも釜谷地区の大半は予想浸水域に入っていないばかりか、大川小は避難所になっていた。

そのハザードマップをつくった石巻市の責任を問う声もあるが、大川小のあるところは歴史的にみて安全な場所であったことはたしかであろう。震災後、全児童・生徒の犠牲者を出さなかった岩手県釜石市の小・中学校と比較して大川小を批判する声が聞かれたが、過去に津波による甚大な被害をうけて避難教育を徹底してきた釜石と、安全地帯だった釜谷地区を比較することじたい無理がある。

コトがおきてしまってから、学校を批判する側に乗っかる気にはなれない。大川小の悲劇の本質は、過去の教訓に学ぶ機会がないまま巨大津波に襲われたことだと思う。

雄勝——一気に進む過疎化

釜谷から北上川を背に山道を南下すると、トンネルを抜けて下り坂に転じ、まもなく静かな入り江に出た。そこは象の鼻のように細長く伸びた雄勝《おがつ》湾の最深部で、雄勝町の中心部である。

しかし、山に囲まれた湾奥の平地にあったはずの町並みは完全に消滅していた。海辺にある真新しい水産加工工場と、湾岸の山のへりに残った何軒かの家屋を除いては、津波がさらっていったあとの雑草地帯になっている。人家ばかりか人影も見あたらない。あの日、猛り狂った海は、山中の溜め池のように静まりかえって、砕けた防潮堤のコンクリの上で鵜が羽をひろげている。

じつはトンネルから下ってきて、最初ここが町のあった場所とは気づかなかった。水産加工工場から出てきた女性従業員に、町の中心地だったところはどこかとたずねると、指を足元の地面にさして「このあたりがそうですよ」と教えられた。

海岸から少し上がったところに硯《すずり》の工房があった。雄勝は室町時代からつづくといわれる硯の産地で、かつては硯の全国生産の九割を雄勝が占めていた。雄勝硯は昭和六〇年に国の伝統的工芸品に指定されている。

工房から物音がするので訪ねてみると、石に向かって鑿《のみ》をふるう男性の姿があった。硯職人の遠藤弘行さん。震災後も硯づくりをつづける数少ないひとりである。

工房の隅に凝った装飾をほどこした大型の硯が展示されているが、これは父親の作品で、四〇年ほど前に公民館に寄贈したものだという。今回の津波で流失したが、一年後、公民館があった場所から一〇〇メートル近く離れたところで見つかり、遠藤さんのもとに届けられた。

「じつは震災直後に探しに行ったのですが、見つからなかったんです。それが一年後にボランティアの人の手によって泥のなかから偶然見つかりました。しかも少し傷がついたくらいで、欠けたところもありません」

そう言うと、そのズシリと重い硯を手にとって見せてくれた。

ただ、貴重な硯は無事にもどっても、雄勝には住民がもどってこない現実がある。遠藤さんによると、ここ雄勝町雄勝にはもともと約六三〇世帯があったが、津波でほとんどの家が流された。多くの住民が仮設住宅で暮らしているが、将来、雄勝にもどることを希望している世帯は一割に満たないという。

にわかに信じがたい数字であるが、理由を聞くと合点がいく。

雄勝湾はもともとホタテやカキ、ホヤの養殖がさかんで、とくにホタテは宮城県でもトップの水揚げ量を誇っている。だが、湾最奥部の雄勝地区は意外に養殖業者が少なく、古くからの硯産業に従事する人や石巻の中心部に勤めをもつ人、出稼ぎ労働などで生計を立てる人など非漁民が多いという。つまり、必ずしも海のそばで暮らす必要のない住民が多くを占めているため、雄勝にもどる人が少ないというのだ。

漁民であればこそ海にへばりつくが、そうでなければ意外にあっさりと先祖伝来の地を去っていく。一八メートルの津波に襲われ、町並みがそっくり消滅し、一〇〇人もの犠牲者を出した激災は、人がその地におろした根っこを容易に断ち切ってしまう。

雄勝を離れる住民には、石巻の中心部近くに二カ所、集団移転地が用意されており、住民の希望どおりに進めば、雄勝の中心部は消滅しかねないほど縮小してしまう。雄勝は平成一七年(二〇〇五)に石巻市と合併したため、この地区の動向についてはあまり注目されていない。死者・行方不明者三九七三人という東日本大震災最多の犠牲者が出た石巻市の被害のなかで、雄勝の被害はその一部でしかない。

だが、六〇〇年からの伝統をもった硯産地の旧雄勝町の中心をなしていた町が消えかねないのである。あらためて巨大津波がもたらした、とてつもない傷跡の深さがわかる。

津波が歴史を消し去ることは、雄勝で過去にもおきている。硯職人の遠藤さんが意外なことを口にした。

「じつは明治時代、ここには雄勝分監といって、政治犯の監獄があったんです。西南戦争で敗れた西郷隆盛の叔父が一時入獄していたことがわかっています」

この監獄は宮城集治監《しゅうじかん》雄勝分監といい、明治一一年（一八七八）に設置されている。当時、西南戦争に敗れた元薩摩藩士ら約二六〇〇人が全国の監獄に分散して収監されたが、宮城の監獄にも約三〇〇人が収監された。このうち七〇人が雄勝分監に入れられ、そのなかに西郷隆盛の叔父、椎原国幹《しいはらくにもと》が含まれていたという。囚人らは石盤採取などに従事したといわれ、出所後そのまま雄勝に住み着いて硯職人になった元薩摩藩士もいたらしい。

「そうしたなかに腕のいい職人になった人がいて、すばらしい硯を残したという話が伝わっています」

遠藤さんはそう話す。

その雄勝分監は、明治二九年をもって忽然と閉鎖している。閉鎖に追い込んだのは明治の大津波だった。そのとき雄勝分監には囚人一九五人と看守三四人がいたが、このうち囚人五人と看守八人が命を落としたと『宮城県海嘯誌』は伝えている。

いまでは地元石巻でも雄勝にかつて監獄があったことを知る人は少ない。

雄勝から海岸沿いに南下し、女川町《おながわ》に入るとまもなく御前浜《おんまえはま》という集落に出た。もともと海水浴場があり、外洋を望む気分のいい浜辺だが、ここも海に面した低地にあった集落は消え、雑草が生い茂っている。

海辺にいた男性によると、ここは五五世帯の集落で、ほとんどの家が流されたが、もどる予定の住民は二〇世帯もないという。この地区もまた漁業で生計を立てているのは五、六世帯で、石巻や女川へ勤めに出ている住民が多い。雄勝といい、御前浜といい、今回の巨大津波は、沿岸集落に人口移動をもたらし、過疎化を一気に加速させようとしている。

女川――チリ地震津波の経験は？

夕方近く女川町の中心部に着くと、市街地に四階建てのビルが横倒しになったままになっていた。震災遺構として保存検討中の建物らしく、立てられた説明板によると、昭和五〇年代に建てられたビルで、津波によって、もとの建っていた場所から一〇メートル以上移動したのだという。

この日泊まったのは、震災後、高台の上にできた真新しいビジネスホテルだった。部屋に入ってみると、洋室なのに、入り口で靴を脱ぎ、床のカーペットの上で寝転がれるようなつくりになっている。こういうタイプのホテルは初めてであるが、床にはクッションが置かれ、寝転がってみると、なかなか快適だ。通常のベッドでしか横になれない部屋よりも楽でいい。

復旧工事にたずさわる長期滞在者が多数利用しているようだが、もともとその需要をあてこんでつくられたビジネスホテルだろう。

夕飯を食べようと一階の食堂に行くと、配膳されたまま、まだ食事を終えていない席がたくさんある。外はもう真っ暗だが、工事関係者は夜遅くまで働いているようだ。しかるに翌朝、朝食をとりに食堂に行くと、テーブルの上は食べ終えた食器が並んでおり、工事の人たちはもうとっくに仕事に出たあとだった。われわれふたりを除いて、みな働き者である。

この高台のホテルの部屋からは、女川の市街地がほぼ一望できる。市街地のあちこちで造成中の赤土が剥きだしになって工事用車両が動きまわり、港のむこうに見える山では山腹が削られている。そこから際限なく運びこまれる土で市街地のかさ上げをしているのであろう。さながら町全体が大改造の行進曲を奏でているようだ。

今回、壊滅的被害をうけた女川町の死者・行方不明者は八七三人。人口の八・七パーセントを占め、この犠牲者率は被災自治体のなかでもっとも高い。

しかし、こうして町をながめていると、なぜこれほど多くの犠牲者を出したのだろうかという気がする。ここは周囲を山に囲まれた狭隘な土地だ。高台に避難しようと思えば、比較的容易に避難できる地形をしている。にもかかわらず、犠牲者が多かったのはなぜだろうか。

そんな疑問をめぐらせながら市街地に出たものの、土を満載したダンプやコンクリートミキ

高台のホテルから女川の市街地を見下ろす

サーが走りまわり、自転車など寄せつけない空気が支配している。弾き出されるように川沿いの道を内陸部へ少し行くと、山に囲まれた細長い平坦地がつづいていた。このあたりは清水地区といい、宅地だったところだが、ここにも津波が襲い、家屋は見あたらない。

たまたま話を聞いた年配の男性は、清水の住人ではなく、ここに作業場をもつ建築業者だった。男性によると、ここは海から一キロほど離れているが、津波は川を猛烈な勢いで駆け上がったらしい。海方向は山によって視界がさえぎられており、気がついたときには津波が押し寄せてきていた。よく見ると雑草に覆われた宅地跡に、小瓶にさした花がたむけられている。

「ここに津波が来るとは、だれも思わなかったと思いますよ」

男性は言ったが、標高はそれほどでなくとも、地形のぐあいでここは山中に見えるし、実際に周囲は山である。その風景と津波襲来は結びつかない。

もっとも、清水地区の住民でなくとも、今回のすさまじい津波の襲撃は予想していなかったようだ。というのは、女川の住民にとって大津波といえば、チリ地震津波をさすといっても過言ではないからである。清水で話を聞いた男性は、少年時代にチリ地震津波を経験しているが、そのとき浜へ海を見に出かけている。浜には多くの人が集まっていた。

「あの津波は満潮のように、じわっと海面が上がってきて、波が襲うのではなくて海底から湧いてくるような感じでね。海水が市街地にも入ってきたので、来たぞ来たぞと言いながら、海水の上昇に合わせて高台に上がりました。それからも津波が来ると聞くと、よく浜へ見にいきましたが、女川では津波は避難するのではなくて、見にいくものだったんですよ。だから今回、あんな巨大な津波があんな猛スピードでやってくるとはだれも思っていなかったと思う」

今回の津波でも女川では海に見にいって命を落とした人が少なくなかったという。清水地区にある仮設住宅で暮らす六〇代の男性も中学二年のときにチリ地震津波を経験しているが、

「あれが今回の津波ではマイナスに働いた」

と唇をかんだ。

チリ地震津波でも当時住んでいた家は水没したが、そのとき家の中に魚が迷い込んできたのを男性は覚えている。瓦礫もろとも家々をつぶしていった今回の津波とはまったく異質の津波

であったことは、このエピソードでもわかる。男性はさきの津波で奥さんを亡くしているが、地震のあと散乱した家の中の片づけをしていて逃げ遅れたという。

「大きな地震があったら、とるものもとりあえず高台へ逃げなくてはいけない。これを今回学びました」

失礼ながら岩手県なら小学生でも知っていることを、女川では六〇代の人が口にした。これは女川が三陸にありながら、これまで津波の痛手をあまりうけてこなかったことを物語っている。

あらためて明治と昭和の大津波で女川がうけた被害を調べてみて少し驚いた。

明治大学建築学科の建築史・建築論研究室が過去の大津波における三陸沿岸各地の被害状況を網羅したサイトを立ち上げているが、それによると、明治大津波の女川の被害は、死者一人、流失倒壊戸数一七戸。

昭和大津波はどうであったか。『女川町誌』には死者一人、負傷者一人とあるが、この死者一人というのは、女川の沖一五キロの外洋に浮かぶ江島《えのしま》の住民である。さらにチリ地震津波では女川の市街地は最大四メートルの海水に没したものの、人的被害は出ていない。

つまり、女川では少なくとも明治以降、今回の東日本大震災まで津波による犠牲者がほとんど出ていなかったのである。

そのため女川で大津波といえば、直近のチリ地震津波であり、このときの記憶と経験が女川における津波対応のベースをつくりあげることになった。そして明治と昭和の大津波で甚大な被害をうけなかったために、岩手県とちがって津波警戒の伝承も弱かった。すばやく避難できる地形にありながら今回多くの犠牲者を出した女川の悲劇は、こうしたところに起因している。

復興と変わる人の意識

ところが、その女川が震災後、いち早い復興ぶりをみせている。しかも注目されるのは、防潮堤をつくらないという方針を打ち出したことだ。女川の場合、防潮堤を築くのに充分な平地に恵まれていないという事情があったにせよ、これは思い切った決断といわなくてはならない。

女川は今回一八メートルの津波に襲われたが、計画ではそれ以上の高さの土地を居住地とし、それより一段低いエリアを市街地として役場や学校、商業施設などを集約。さらに海辺の低地には漁業施設や水産加工工場などをおく三層構造の立体的な町づくりを進めている。

要するに高台移転とかさ上げによる高地化によって津波に対処しようという考え方だが、防潮機能がないわけではない。海辺の低地と中間地の市街地エリアの境に国道を四メートルほどかさ上げして通すことで市街地を守る防潮機能を兼ねるとしている。さらに女川港沖の津波防波堤も整備される計画だ。これはチリ地震津波後につくられたもので、今回の大津波で倒壊したが、あらたに海面から四メートルの高さで建造されるという。

かさ上げ工事や宅地の高台移転はどの被災地でもおこなわれているが、そのいっぽうで防潮堤建設も進められており、女川のように防潮堤をつくらない方針を決めた自治体はめずらしい。

　これまで津波は水際でブロックすべしと考えられてきたが、女川の方針は、津波にたいして最低、宅地が守られればよいという柔軟性をもった対処法だ。旧来のブロック主義からの脱却という意味で画期的といえるかもしれない。

　町をあげての立体化大改造は、狭隘な地形のコンパクトな町ゆえに可能だったとしても、震災復興先進地としてひとつのカタチを生み出す試みでもあろう。そう思うと、自転車の天敵であるダンプカーの粉塵《ふんじん》さえ、なんだか頼もしく見えてくる。

　三陸沿岸でも地域によって津波にたいする構えにかなり濃淡があることは、ここまでペダルをこいできて、なんとなくつかむことができた。このたびの震災に見舞われるまでの女川は、津波にたいする構えがかなり低かったといわざるをえない。それは前述のように明治と昭和の大津波でほとんど人的被害がなかったことによる。

　ところが今回、人口の一割近くを失うという激甚災害を経験して女川は一変した。それまで津波が来ると浜辺へ見にいっていた町民が、防潮堤を高くするどころか、一転、これまでなかった津波との向き合いかたを提示したのだ。さながら周回遅れのランナーがいきなりトップに躍り出たような観がある。巨大津波は、町のカタチも人の意識も様変わりさせるようである。

牡鹿半島――避難は住民意識の問題？

女川から牡鹿《おしか》半島に入り、海岸線の曲がりくねった道をたどっていくと、やがて女川原子力発電所が近づいてきた。

原発はかなり広い敷地を有しているらしく、県道から専用道路がのびているが、入り口にゲートが設けられ、立ち入り禁止になっている。原発施設まではそこからまだかなり距離がありそうだ。県道はそのあと山あいに入っていったが、峠の少し手前に女川原子力ＰＲセンターという立派な建物があった。

原発のしくみを一般向けに紹介するための施設だが、震災の日、数キロ離れた集落の住民がここへ避難に駆けつけている。ところが、この施設も停電していたため、ここから発電所の事務棟に移り、結局、一〇〇人ほどがそこに一時避難したという。

その原子力ＰＲセンターの先の峠からむこうは石巻市になり、道を下ると、鮫浦湾《さめのうら》に出た。じつは、この鮫浦湾の津波被害について気になっていたことがある。この湾には三つの集落があり、湾の奥が大谷川《おおやがわ》、湾の北側が鮫浦、湾の南側を谷川《やがわ》という。このうち大谷川地区は犠牲者がゼロで、鮫浦地区は犠牲者が三人。これに対して谷川地区だけが三二人もの犠牲者を出している。震災当時の人口は大谷川が約一〇〇人、鮫浦と谷川は一五〇人程度と、三地区とも大差はない。

鮫浦湾は長方形がすっぽり収まるような形をしていて、奥行き三キロ、幅一キロ少々の小さな湾である。そんなこぢんまりした湾の隣り合わせの集落で、犠牲者の数にこれほどの差があるのはなぜだろうか。

それをさぐろうと、湾内を少し走ってみたが、さっぱり人影がない。ふつう被災地でも港にはだれかしらいるものだが、港も無人だった。見回したところ、人ばかりでなく、家屋も見あたらない。すべて流されたようだ。ただ、湾奥の大谷川地区に一軒だけ新しい家があり、声をかけると男性が出てきた。この人物から聞いた概略はこうである。

犠牲者がなかった大谷川地区では、地震の直後、区長が全戸に避難を呼びかけ、これに呼応して住民が高台に避難した。大谷川からは、まっすぐ正面に外洋を望むことができる。住民たちは当初、あれほど大きな津波が来るとは思っておらず、海の様子を見ながら、段階的に高いところへ移動したという。大谷川はほとんど平地がなく、集落は斜面に形成されており、避難しやすい地形をしている。

いっぽう、三二人の犠牲者を出した谷川地区は、地形のぐあいで外洋を望むことができない。加えて避難所に指定されていた場所が津波にやられ、被害が大きくなったという。

湾の南岸に位置している谷川地区へ行ってみると、なるほど手前の山影にさえぎられて外洋がよく見えない。正面に見えているのは湾の北岸で、これでは外洋の様子はわからない。地形も集落の背後が山になっている大谷川とちがって、海岸から内陸にのびる県道に沿って平坦な土地がつづいている。津波の浸水域は大谷川よりもかなり大きかったことがわかる。

人影のない谷川地区ではシカの鳴き声がこだましていた

今回の震災で、海が見える地区と見えない地区で犠牲者率に大きなちがいがあることがわかっている。中央大学・谷下雅義教授の研究グループが南三陸町と石巻市についておこなった調査によると、南三陸町では海の見える地区の犠牲者率が四パーセントだったのにたいし、海の見えない地区は一六パーセント。石巻市では一次避難場所から海の見える地区の犠牲者率が四パーセントで、海の見えない地区は一四パーセントだった。

海の見えるほうが命は助かりやすいことが裏づけられたかたちだが、ただ、大谷川と谷川の犠牲者数の極端なちがいは、それだけでは片づけられない。じつは昭和の大津波でも大谷川は犠牲者がいなかったのに、谷川は二六人の犠牲者を出している。だから、やはり外洋が見えるかどうかが明暗を分けると考えるのは早計で、昭和の大津波は夜中におきている。海が見えなかったのは、どこの集落も同じだ。

前述の雄勝町雄勝では今回一〇〇人ほどの犠牲者が出たが、その隣の水浜地区では一三〇戸の集落がほぼ壊滅したものの、犠牲者は九人にとどまっている。世帯数は雄勝地区のほうが五倍近く多いとはいえ、犠牲者数に大きなちがいがある。入り組んだ湾の奥にある雄勝地区からは外洋はまったく見えないが、隣の水浜地区からも手前の山が海にせり出ていて外洋はほぼ見えない。

同じように海が見えないのに、隣り合わせの二つの地区で犠牲者数が大きく異なる。要は海が見えようが見えまいが、すみやかに安全な場所に避難さえすれば命は助かるのだから、いちばんのポイントは避難行動をおこす住民意識であろう。隣り合わせの集落でありながら、住民意識に大きなちがいがあるのが三陸沿岸の特徴なのかもしれない。

石巻――深い心の傷

鮫浦湾を背に内陸を行く県道を南下すると、石巻湾側の浜に出た。

同じ牡鹿半島でも太平洋側と石巻湾側では、ずいぶん表情がちがう。夕暮れのうっすら茜色に染まった海は、いたっておだやかで、そんな風景のなかでペダルを踏んでいると、つい鼻歌が出そうになる。険しい顔つきの三陸沿岸をずっとたどってきて、鼻歌気分になったのは数えるほどしかない。ここもまた被災地であり、波がさらっていった跡地がひろがっているが、それでも海辺に残った家々があり、津波の程度は太平洋側よりかなり低かったことがわかる。

沖合にカキの筏が浮かんでいるが、牡鹿半島の石巻湾側はカキの養殖、太平洋側はホヤの養殖がさかんだという。そういえば、さきほど谷川地区で港ちかくの道端にカキ殻が山のように積まれているのを見かけた。ホヤの種付けに使うのだそうだ。牡鹿半島では石巻湾側は表浜、太平洋側は裏浜と呼ばれているが、地元の漁師によると、こちら側とあちら側は昔からあまり交流がなく、そのせいか友好的ではないらしい。

カキとホヤで、いちおう棲み分けができているのだから、仲よくすればよさそうなものだが、たぶん気風や文化が微妙にちがうのであろう。それは海の表情からもわかるような気がする。

この日は給分浜《きゅうぶんはま》の民宿に泊まったが、翌朝、目が覚めると雨が降っていた。降りつづく雨ではなさそうだが、カッパを着込んで走りだすような小雨でもない。しばらくナガイさんと空をにらんでいたが、結局、自転車をたたみ、ここからバス輪行で石巻駅へ向かうことにした。

バスに自転車袋を持ち込むのは列車以上に気をつかうので、あまりしたくないけれど、やむをえない。車内の混みぐあいによっては乗車を遠慮しなくてはならないが、ここから石巻駅に行くバスは二時間に一本しかないので、そうそう遠慮もしていられない。

あれこれ気を揉んでいたら、やってきたバスに乗客はいなかった。バスは曲がりくねった海岸線を一時間以上走りつづけ、昼前に石巻駅に着いた。同時に雨があがった。

駅前で自転車を組み、雨あがりの市街地を抜けて川沿いを海のほうへ向かうと、やがて見渡すかぎりの雑草地帯がひろがっていた。

県下で仙台市に次いで人口の多い石巻市は、三九七二人の死者・行方不明者を出す最大の被災地となった。そのなかでも、もっとも被害の大きかったのが市内沿岸部に近い門脇町と南浜町一帯である。ここには約一七〇〇世帯が暮らしていたが、それがほぼ消滅した。広大なサラ地となったあとにはセイタカアワダチソウが伸び放題に伸びている。被災地とはセイタカアワダチソウの群生地だと言い替えてもいい。

そんな草っぱらのむこうに、煙突から白い煙を吐く大きな工場が見える。日本製紙石巻工場で、国内の書籍に使われる紙の半分近くがここで生産されている。海岸ぎわに立地しており、津波で壊滅状態になったが、人的被害はなく、震災から半年で操業再開にこぎつけた。まだ震災瓦礫が山積するなかで煙突から立ちのぼる煙は、復興のシンボルとして市民を勇気づけている。

旧北上川の広い河口にかかる橋を渡り、東へ進むと、やがて海岸沿いに松林が見えてきた。かなりダメージをうけたようだが、それでもこのあたりは津波に耐えて松林がよく残っている。

この渡波《わたのは》地区は道路をはさんで陸側がすぐ住宅地になっており、サラ地のひろがりのなかに、ところどころ民家が残っている。さきほどの旧北上川から西の沿岸地域よりも被害は小さかったようだ。この渡波地区については、松林がある程度機能したともいわれている。

ただ、この一帯は震災後、災害危険区域に指定されていない。すでに新築した家に住民が住みはじめているが、津波がさらっていった跡地と隣り合わせに建っている住宅を見ていると、ここに住んで大丈夫かなという気がしてくる。門脇町や南浜町にいた多くの住民が移転を余儀なくされ、市としても移転先用地の確保に苦慮しているのかもしれない。

石巻市の中心部を見てまわると、やはり都市を襲った災害という印象をうける。

市街地の児童公園に居合わせた人に震災時の様子について話を聞いていたら、そばにいた地元のボランティア風の青年に「仮設住宅の住民に話を聞くのなら、少し慎重にされたほうがいいです」と言われた。不躾《ぶしつけ》な質問をした覚えはないけれども、あなた、ちょっと配慮が足りないですよと、たしなめられたような気がした。

ここまで被災地をたどってきて、こういう反応に接したことはなかった。東日本大震災最大の被害を出した石巻は、もっとも大きな不幸を背負うことになった被災地である。当然、住民の心の傷跡も深いのであろう。加えて石巻の場合、都市であることが住民の心の傷をより深めたような気がする。

石巻は海に面しているが、住民と海との距離は遠い。かつては漁業と水産業の町であったが、いまや港湾部は製紙工場をはじめ、合板メーカーや製鉄所、飼料会社、物流会社などが占める工業地帯になっている。現在も漁業はさかんであるが、海とともに生きる漁民の町とはいいがたく、製造業主体の町だ。そんな石巻の海は、市民の生活圏から外れた工業地帯と分厚いコン

石巻は防潮堤の内側がほとんどサラ地になっていた

クリート護岸のむこうにある。

　小腹がすいたので、バイパス沿いのハンバーガーショップに入ると、この日は休日で、店内は家族づれでにぎわっていた。はしゃぐ幼児を若い母親が叱る姿は、東京郊外のベッドタウンで見られる休日の風景そのままだ。

　そんな都市生活者を津波が襲ったのである。

　ふだん海の色や表情とは無縁の暮らしをしている市民は、突然豹変した海に驚き、逃げまどって、多くが犠牲となった。門脇町や南浜町では車の渋滞ができたところに津波が襲いかかり、ガソリンが発火して、瓦礫に燃え移った。女川と同様に、石巻中心部も明治と昭和の大津波で人的被害はほとんどなかった。そのため、津波にたいする構えと備えはけっして充分ではなかったはずだ。

　ただし、女川とは大きなちがいがひとつある。

女川を襲った津波は一八メートルだったが、石巻沿岸を襲った津波は六〜七メートルで、女川の三分の一程度だったことだ。あえていえば、田老の防潮堤なら防ぐことができた津波によって石巻は壊滅状態となり、最大の被災地になったのである。

石巻の惨劇は、都市がいかに津波に弱いかという重要なメッセージを発しているように思えてならない。

第九章　くりかえされる消滅と再生

石巻―東松島―七ヶ浜―多賀城―仙台
〈二〇一四年一〇月〉

野蒜――佐藤さんの避難小屋

例によって前回走り終えた石巻まで輪行し、ナガイさんと駅舎の喫茶店で腹ごしらえをすると、西へ向かって走りはじめた。

今回、仙台まで走って、この取材を終えようと思う。三陸海岸というのは青森県の八戸から宮城県の石巻と女川にまたがる万石浦《まんごくうら》までを指すそうで、石巻から先はもうリアス式海岸はなくなる。したがって、三陸海岸を自転車でたどるという趣旨からいくと石巻を終点にしてもよいのだが、津波被災地はこの先もずっとつづいている。仙台沿岸部の被害が大きかったこともあり、もう少し先まで見ておこうと思った。

石巻から海寄りの道を行くと、このあたりも、ところどころに建造物を残しただけの雑草地帯である。前回よりも一カ月季節が進み、セイタカアワダチソウが花をつけてすっかり山吹色になっている。

まだ足慣らし程度も走らないうちに東松島市に入り、まもなく前方に航空自衛隊松島基地が見えてきた。津波はここにも数メートルの高さで押し寄せ、人的被害はなかったものの、航空機二八機が使用不能になっている。

成瀬川にかかる橋を渡り、川を河口のほうへ南下すると、JR仙石《せんせき》線の野蒜《のびる》駅がある。あの日、この駅を出発した上り列車は、動き出してまもなく激しい揺れに緊急停止した。仙台駅からの無線で指示をうけた乗務員が乗客を近くの野蒜小学校に避難させた。やがて襲来した津波は、線路上の列車を押し流し、大きく「く」の字に曲げた。

それから三年半が過ぎ、野蒜駅はコンビニを併設した真新しい駅に生まれ変わっていたが、じつはこの近くに立ち寄ってみたいところがあった。

新聞やテレビでも取り上げられたが、私費を投じて自宅裏山に津波避難所をつくった奇特な人物がいて、今回の震災で七〇人ほどがそこに避難して無事だったという。その避難所が野蒜駅の近くにあるはずだった。

通りがかりの人にたずねると場所はすぐにわかった。地元では所有者の名前をとって「佐藤

佐藤さんの山の一角から旧JR野蒜駅方向を見下ろす

山」と呼ばれているらしい。行ってみると、標高三〇メートルほどの小高い山の上にそれはあるようで、上り口に階段状に刻んだ道がある。私有地なので勝手に入るのは気がひけたけれども、雑木林に囲まれたその道をのぼっていくと、東屋《あずまや》があり、そこから少し離れたところにスレート葺《ぶ》きの小屋があった。入り口の脇にプロパンガスが置かれている。

人の気配はなかったが、来た道とは別の道を下っていくと、野良仕事をする年配の男性の姿があった。声をかけると、この避難所をつくった佐藤善文《よしふみ》さん（八〇歳）、その人であった。

黙って入ってきたことを詫びて来意を告げると、佐藤さんはこころよく避難小屋の中に迎え入れてくれた。内部は八畳間ほどの広さで、テーブルに椅子が全部で七脚。そのほかに石油ストーブ、ガスコンロ、水の入ったポリタンク、ペットボトル、カップめん、鍋、やかん、食器類など。小屋には電気も通っており、テレビ、ステレオ、湯沸かしポットなど電気製品もそろっている。見たところ一〇人も入ればいっぱいのスペースであるが、

「あのとき、ここに三〇人が入りましてね」

と佐藤さんが言う。入れば入るものだが、小屋の中に入ったのは女性と子どもたちで、男衆は雪がちらつくなか、屋外で過ごした。この屋外組が四〇人ほどいて、合わせて避難者七〇人である。七〇人は小屋に備蓄してあった食料と水を分けあって二日間過ごしている。

野蒜地区の犠牲者は三〇〇人以上を数えたが、沿岸部の避難所で一人も犠牲者を出さなかったのは東松島市でここだけだという。

人の命をあずかる仕事をしていたせい

もともとタクシー会社を経営していた佐藤さんが、会社を息子に譲り、ひとりで避難所づくりをはじめたのは六五歳のときである。私有地の山の木を切って頂上につづく道を整備する姿に、当初近所の人たちは不思議そうな目を向けた。佐藤さんが、津波にそなえて避難所をつくると言うと、さらに怪訝《けげん》な顔をされた。

これは無理もなかった。ここ野蒜は明治と昭和の二度の大津波でも、昭和三五年のチリ地震津波でも、たいした被害をうけていないからである。

「だから、市も学者もここには津波が来ないと考えていたんです。でも、地震なんてどこでおきるかわからない。いままで津波が来なかったから、これからも安心だという保証はない。私はずっとタクシーの運転手をしていて、いわば人の命をあずかる仕事をしていたせいか、そう考えてしまうんですよ」

そんな佐藤さんに冷ややかだったのは、近隣の人たちばかりではなかった。

野蒜地区は震災前まできれいな砂浜の海岸がつづく景勝地で、西に広がる松島湾とともに県立自然公園に含まれている。そのため私有地といえども、好きなようにはできず、松は伐採できないなどの規制があった。県から開発はまかりならぬとクギを刺された佐藤さんは「避難所をつくり、一部を公園にしたい」と県に説明している。小屋のそばに東屋があるから、公園にしたい、というのは偽りではない。

こうして佐藤さんは年金をつぎ込み、何年もかかって私有地の山を避難所として整備した。頂上にいたる道は一本ではない。近隣住民が四方のどこからでも駆け上がれるように道を四本つけている。小屋も東屋も廃材を調達してきて、すべてひとりで建てた。建築の心得があったわけではなく、いわば見よう見まねの仕事だったが、あの日、東松島市は震度6強の強烈な揺れに襲われており、それにも耐えている。

避難所は震災の一〇年ほど前にできあがり、完成時に佐藤さんは告知をかねて近隣住民を招き、お披露目の食事会を催している。だが、実際にこの避難所の世話になると思っていた住民はほとんどいなかったはずだ。岩手県沿岸部や宮城県でも雄勝半島のような津波常襲地とちがい、この地では津波が身近なものとして認識されていない。

しかし今回、当地を襲った震度6強の地震は、津波の恐怖を呼びおこすのに充分だった。地震のあと佐藤さんが避難所に上がると、すでに四〇人ほどが身を寄せていた。津波の第一波が襲ったあとも佐藤山を駆け上がってくる人が相次ぎ、結局、狭い山頂は七〇人ほどにふくれあがった。

野蒜海岸を襲った高さ一〇メートルの津波は、海辺の家々を押し流して、海岸から五〇〇メートル以上離れた仙石線の線路を越えてさらに浸水した。佐藤さんの自宅も一階がほぼ水没している。もし佐藤さんの避難所がなければ野蒜地区の犠牲者はもっと増えていた可能性が高い。

避難小屋の壁には、社会貢献支援財団から授与された表彰状が掲げられている。この組織は、社会的貢献をしながらその功績があまり知られていない人を対象に表彰活動をおこなっている公益財団法人である。地元東松島市の感謝状もあってもよさそうだが、それは見あたらない。本来ならば行政がやらねばならないことを個人が私費を投じて手がけたにもかかわらず、市からは感謝状どころか、挨拶ひとつないらしい。

ちなみに以前、佐藤さんはここを指定避難場所とするよう市に求めたが、容《い》れられなかった経緯がある。

「いえ、老後の道楽を兼ねてつくった避難所で近隣の人たちから感謝されたのですから」

佐藤さんは淡々としている。

だれの手も借りず、ひとりで避難所をつくりあげた偉業もさることながら、完成後、長年にわたって、いつ津波が来てもいいように水や食料などの備蓄を絶やさなかった周到さに驚かされる。津波が襲来した晩、一杯の温かいコーヒーが避難住民の気持ちをどれだけ落ち着かせたかと思う。

小屋のなかで佐藤さんが入れてくれたコーヒーを飲みながらそんな気がした。

奥松島――被災ネコの宿

野蒜海岸に沿った県道を南下すると、宮戸島《みやとじま》に入る。以前は野蒜海岸から宮戸島にかけて約九〇軒もの民宿やホテルがあったというが、震災でそのほとんどが消滅した。その後、再建した宿も多いけれど、震災前の建物のまま営業している宿は少ない。その日泊まったのは、そうした震災に耐えた数少ない宿のひとつだった。

二階へあがる階段がミシミシと音を立てるような年季の入ったホテルで、すぐ海べりに建っており、よく流されなかったと思う。島の東側は外洋に面した石巻湾で、大きな津波の直撃をうけているが、こちら西側は多くの島々が浮かぶおだやかな松島湾だから、助かったのであろう。

このへんは奥松島とよばれるところで、暮れどき、あたりをゆっくりペダルを踏むと気分がいい。静かな入り江に磯漁の小舟が舫《もや》い、沖合に小さな島々のシルエットが重なっている。波はなく、海の神々が寝静まったような平和な海である。

泊まった海辺のホテルは経営者夫婦と息子夫婦で営んでおり、二人の孫を入れて一家は六人。震災の日、野蒜の保育園に通う二人の孫の安否が気づかわれたが、一家みな無事であった。のみならず、震災を機に「家族」が増えた。どこからか迷い込んできた一匹の白ネコである。

夜、ナガイさんと夕飯を食べていると、テーブルの下の足元にまとわりつくネコがいた。ひと懐っこいので、女将さんに名前を聞くと、「いえ、その子はね」と事情を教えてくれた。震災から日も浅いあるとき、外で遊んでいた孫といっしょに入ってきたのがそのネコだった。えさを与えてみるとキャットフードしか食べないので、どこかで飼われていたネコだろうと思われたが、女将さんによると、近所のネコではないらしい。

「このへんのネコなら、だいたいわかりますから。おそらく震災で飼えなくなった人が、うちの前に置いていったんじゃないかと思うんです。白いから、うちじゃシロと呼んでいますけど、そう呼んでも反応しないので、別の名前で呼ばれていたんでしょうね」

ひと懐っこいため、ボランティアの常連客に人気があるそうだが、よくしたもので客商売にふさわしいキャラクターのネコである。被災ネコも、このシロのように、その後幸せに暮らしているネコばかりではあるまい。震災はペットの命運も大きく変えたことだろうと思う。

七ヶ浜——奇岩が守った宿

翌朝、女将さんとネコに見送られて宿を発ち、松島湾を西へ向かった。

日本三景のひとつだけあって松島の中心部は立派な観光ホテルが建ちならんでいる。松島湾にも五メートル近い津波が襲っているが、松島町の人的被害はほとんどなかった。震災当日、約一二〇〇人の観光客がいたものの、地元観光業者らによって避難誘導がなされ、被害は出ていない。見たところ震災の傷跡もすっかり癒えて、この日は土曜日のせいか、遊覧船乗り場はけっこうな賑わいをみせている。

交通量の多い国道を南下して塩竈《しおがま》市に入り、陸奥国一宮の塩竈神社に立ち寄って、ふたたび南下をつづけると、七ヶ浜町《しちがはままち》に入った。

この町の南岸には菖蒲田浜《しょうぶたはま》というきれいな砂浜の海岸がある。明治時代から海水浴場として知られたところで、浜に出てみるとサーファーの姿が目につく。そういえば、さきほど松島湾にヨットが浮かんでいたが、サーフィンやヨットは三陸沿岸では見ることがなかった。あちらの海とこちらの海では、表情もちがって見える。

だが、ところどころで工事がはじまっている新防潮堤は、岩手県の田老や普代村と同じ末広がりの台形タイプのものだ。計画では新防潮堤の高さは旧来よりも一～二メートル高い程度だが、このタイプの防潮堤は頑丈な分、存在感が際立つ。

「あと何年かすれば、この海岸の風景もすっかり変わるだろうね」

とナガイさんが言う。

外洋に面したこのあたりの海岸には、一〇メートル前後の津波が襲っている。それを考えると、この日泊まった旅館「御殿場」もよく無事だったと思う。この古い旅館は海からせりあがった断崖上に建っていて、津波は玄関先まで来たところでとどまった。

じつは、この幸運はこんな昔話とつながっている。

玄関先の敷地のむこうはもう海だが、海岸から二〇メートルばかり沖に俵《たわら》を立てたような円柱形の大きな岩が海中から突き出ている。高さは一〇メートルくらいだろうか。上部が平らで草が茂り、奇妙な景観をつくりだしているこの巨岩は、もともとこの旅館の敷地と陸続きだったという。少しずつ浸食されて現在のような姿になったというが、女将さんによると、

「むかし、うちのおばあちゃんがここへ嫁に来たときには、まだ陸続きでね。あそこで畑をつくっていたそうです。だから、あれはうちのシマなんですが、じつはあのシマが津波を防いでくれたんですよ」

かつて敷地だったところが今回、守護神の役割を果たしたことになる。この旅館、かの伊達政宗公が避暑のためにつくった仮御殿の跡地に建っているそうだが、そんな由緒とともに、なにやら強運のバリアが張りめぐらされているかのようだ。

奇譚はさておき、海辺の障壁は津波をシャットアウトできないまでも、そのパワーを減殺す

ることはできる。そう考えると、防潮堤を完全否定することはできない。防潮堤建設が進む浜辺の先に、天然の障壁によって被災を免れた老舗旅館がある光景は、減殺効果という防潮堤の役割を示唆しているようにも見える。

多賀城――一一〇〇年以上前の貞観地震

この旅館は御殿崎という小さな岬の根元にあるが、岬を境にして風景が一変する。旅館のある岬の東側は自然海岸がつづいているが、岬の西側には小さな漁港をはさんで火力発電所と石油コンビナートが並び、その先は仙台港である。

火力発電所からはもう仙台市であるが、仙台港の北の内陸部に多賀城《たがじょう》市がある。この日、仙台港を眺めたあと、海を背にして多賀城に向かった。というのは、東北被災地のなかで、今回の津波にもっとも驚いたのはここの市民ではないかと思われるからである。

海のない多賀城市は東日本大震災で二二〇人の死者を出した。これは沿岸部の塩竈市（四二人）や七ヶ浜町（七九人）よりもずっと多い。仙台港から遡上した津波は、四メートルの高さで多賀城市南部を襲ういっぽう、市を横断して流れる砂押《すなおし》川をさかのぼり、市域の南側を水没させた。

多賀城には海はないと述べたが、これは正確ではない。じつは砂押川河口部の数百メートルだけ海に面している。そこから大量の海水が流入したのだ。

市が作成したハザードマップでも仙台港の北側埠頭と砂押川から津波が侵入することを想定していた。予想と異なったのは浸水域である。市は仙台港周辺と砂押川河口付近のみ浸水すると想定していたが、今回の浸水域は六六〇ヘクタールと市域の三分の一におよんだ。砂押川を遡上した津波は、河口から直線距離にして約五キロ離れた市北西部の市川橋まで達している。

「明治の津波でも昭和の津波でも多賀城は被害をうけていません。だから今回、ここに津波が来ると思っていた人はまずいなかったと思います。ただ、過去をさかのぼれば、多賀城も津波で大きな被害を出していて、それは貞観地震のときです」

そう教えてくれたのは、古代の陸奥国府が置かれた多賀城跡でボランティアガイドをしている男性スタッフである。

多賀城が津波被害をうけたのは、じつに一一〇〇年以上前の貞観地震（八六九年）以来だという。菅原道真らが編纂した平安時代の史書『日本三代実録』には、このときの多賀城の惨状が記されている。それによると、地震で多賀城の城壁は崩れ、無数の人が転倒し、津波が城下を襲い、人びとは逃げ惑って「溺死する者千ばかり」だったという。

今回の津波は貞観地震以来の千年に一度の大津波だという言い方がよくされるが、これは三陸沿岸、とくに岩手県ではほとんど聞かなかった。津波の規模からみて、明治の大津波以来百年に一度の大津波というほうがしっくりくる。だから「千年に一度」は大袈裟ではないかと思っていたが、多賀城ではそれが正しい。

多賀城は仙台港に近い南部は工場地帯だが、市街地の多くは丘陵地帯にある。隣接する仙台市のベッドタウンでもあり、とくに多賀城駅から北側には端正に整備された住宅地に瀟洒《しょうしゃ》な家屋が目につき、東北学院大学のキャンパスもある。そうした仙台近郊都市の風景と津波襲来は、まったくといっていいほど結びつかない。現にここでは一一〇〇年前までさかのぼらないと、津波の記憶を掘り起こすことができない。

沿岸を襲った津波の高さや、そのすさまじい破壊力は、岩手県を中心とした三陸海岸のほうがあきらかに上回っている。だが、津波常襲地帯の三陸沿岸から離れた、ゴム長よりも革靴とスニーカーが似合う都市部で一一〇〇年前の遠い記憶を引きずり出させたところに、今回の大津波のおそろしさをうかがうことができる。

仙台市荒浜——都市化と弱い伝承

多賀城の市街区を抜け県道を南下し、仙台市沿岸部の若林区荒浜《あらはま》に行ってみると、広大な雑草地帯がひろがっていた。ここは、この南にある名取市閖上《ゆりあげ》とともに仙台平野で壊滅的被害をうけたところで、もともと田畑と集落が混在していた地区である。

廃校となった鉄筋四階建ての荒浜小学校には「ありがとう、夢」と書かれた横断幕が掲げられている。ぐるりと見回して目につく建物は、この小学校くらいしかない。あの日もこの小学校が避難場所になっている。

津波は荒浜小学校の2階まで浸水した（仙台市）

そこから海岸へ向かうと、真新しい大きな観音像が海を背にして建っていた。最近できた震災の慰霊塔だ。

この海岸を襲った津波の高さは十数メートルに達しているが、津波の専門家によると、これは平野部の津波としては世界最大級だという。津波は、海岸から七〇〇メートル離れた荒浜小学校でも四・六メートル。そこからさらに数キロ先の高速道路の堤まで遡上してようやく止まったが、そこにいたる広域を帯状に水没させ、家々を押し流した。荒浜地区の九八〇世帯二七〇〇人のうち、犠牲者は一九〇人にのぼっている。

新聞報道によれば、あの日、地震の直後に地区の町会長が避難を呼びかけて回ったが、住民の反応は鈍かったという。多くの住民が近くの農道に車を止めて津波襲来の直前まで沖を眺めていたという話もある。海岸には高さ六〜七メートルの防潮堤と松林があったため、津波はブロックされると考える住民が多くても不思議はなかった。

仙台平野は三陸ほど頻繁に津波の襲来をうけておらず、そのため津波の恐怖を教える伝承もあまりなされていない。

荒浜は明治の大津波で五メートルの津波に襲われており、それなりの被害があったと思われるが、仙台史に刻まれた甚大な津波被害というと、四〇〇年前の慶長一六年（一六一一）の津波までさかのぼらなくてはならない。この近世初頭に東北地方を襲った津波で、当時の仙台藩では死者一七八三人にのぼったという。

荒浜の海岸から内陸へ五キロほどのところに「浪分神社《なみわけ》」という変わった名前の神社がある。この神社が鎮座する場所は、慶長津波のとき遡上した波が二手に分かれて引いていった地点だと伝えられている。

神社は今回の津波をせきとめた高速道路よりさらに数キロ内陸寄りに位置しており、慶長津波の遡上がいかほどのものであったかがうかがえる。だが、こうした過去の惨劇の記憶をとどめたモニュメントがあるにもかかわらず、ここでは津波教訓の伝承は弱い。それは都市のもつ膨張性が記憶を希釈させるせいもあろうけれども、なによりも四〇〇年という時間の長さによるところが大きいはずだ。

三陸沿岸では平均すると五〇年に一度の割合で大津波が襲来しているが、平野部になると、一一〇〇年前の貞観津波、四〇〇年前の慶長津波と、大津波の襲来サイクルがとたんに長くなる。このサイクルの長さは、人間がそなえる時間感覚からはるかにかけ離れている。

大津波という地球の鼓動サイクル

その四〇〇年前の慶長津波のあと、広大な荒蕪地《こうぶち》となった仙台平野では新田開発が進められた。仙台藩は入植を奨励し、入植者には一定期間、年貢を免除するなどの特典を与えて新田開発をおこない、さらに海岸線に平行するように貞山《ていざん》運河が掘り進められている。これは長い年月をかけて仙台平野を南北に結ぶ全長三二キロの長大な運河となり、新田開発によって増産された米などの物資輸送を担った。「貞山」というのは、運河づくりを命じた伊達政宗の諡《おくりな》である。

この貞山運河は海岸から五〇〇メートルほど離れた陸地につくられており、海岸の松林とともに、今回の津波を吸収して減殺させる役割を果たしたという指摘もあるが、実際のところはどうかわからない。

はっきりしているのは、松林や運河、防潮堤では防ぎようのない大津波が襲い、それによって仙台平野沿岸部はふたたび四〇〇年前の荒蕪地にもどったということである。津波は時間をいっぺんにもどしてしまう。人間にとって不幸なのは、この大いなる自然の調整作用がいつおきるか把握できないことだ。大津波という地球の鼓動サイクルと、人間のいとなみのサイクルはまったく周波数が異なっており、その不整合が悲劇を生む根源になっている。

津波は人間が長い年月をかけて地表で営々と築いてきたものを一瞬に剝ぎとってしまう。まことに容赦ない無慈悲な所業というほかないけれども、それで終わりではない。津波がすべて奪い去ったそのときから、またそこで再生が開始されるからである。

がれき撤去にはじまり、サラ地の造成、道路整備、防潮堤建設と、いま沿岸一帯でおこなわれている復興事業はまさにそうだ。もっと長いスパンで眺めれば、いったん高台に移った漁民が海辺にもどる回帰パターンも、再生機能のひとつであろう。北から沿岸被災地を自転車でたどってきて見えてきたもののひとつは、消滅と再生の循環がずっとくりかえされてきたであろうということである。

仙台平野の荒浜でも、すでに新しい防潮堤がかなりできている。

海面からの高さ七・二メートルは、旧来のものと変わらないが、新防潮堤は例の台形型のがっちりしたタイプで、堤の上もけっこう幅がありそうだ。少し離れたところから、まっすぐにのびる防潮堤を眺めていると、南のほうから堤の上を細タイヤの快走車が一台走ってきた。地元の自転車好きであろう。周囲にはユンボや資材が置かれていて、まだ工事中であるが、堤そのものはもうできあがっているようだ。

防潮堤の上からは水平線まで見渡す太平洋をひとり占めできる。そんな防潮堤の上を走ればさぞ気分がよかろうと、その気になりかかったが思いとどまった。多くの犠牲者を出し、観音像が見守る鎮魂の地で、そうしたふるまいは慎まねばならぬという思いがまさったからだった。

なぜ自転車で走るのかと聞かれたら、つまるところ、気分がよいから、という答えに行きつく。峠の登りはしんどいが、登りつめれば爽快な下り道が待っている。

だが、この東北行ではそうした気分のよさはずっと封印していた。自粛したという面もあるけれど、それ以上にそうせざるをえなかったというほうが正しい。ダンプカー、トラック、その他工事用車両がひっきりなしに行き交い、それらが吐き出す排気ガス、轟音、粉塵……。この自転車の天敵三点セットをこれでもかと浴びせられるのが三陸海岸に多いトンネルで、そのためトンネルを通過するときは、戦闘気分を奮い立たせて突入しなければならない。サイクリング環境としては、掛け値なしに最悪であった。

しかし、これら自転車にとって負の要因はすべて、とりもなおさず被災地の再生にむけた前進の証《あかし》である。

したがって、かいた汗の分だけ津波という怪物に迫ることができたかどうかは疑わしいけれども、自転車ゆえに、津波がもたらす消滅・再生という循環の「再生」部分は、きわめてリアルに体感できたと、ひそかに自負している。

エピローグ――シュールな防潮堤の出現

二〇一五年一〇月――再訪ひとり旅

東北新幹線を一ノ関で降り、気仙沼に向かう大船渡線の乗り換えでヘマをやらかした。在来線のホームに出ると、列車が待機していたので、それに乗り込んだ。が、出発直前に盛岡行であることに気づき、ドアの脇に結びつけていた自転車袋をあわてて担いでホームに出た。まもなく列車は動き出したが、そのとき網棚にリュックを忘れたことに気がついた。すぐに盛岡駅で確保してもらうように手配したが、自転車の組み立てと走行に必要なものは入っていないから、リュックがなくてもとりあえず支障はない。

しかし、なぜこんなヘマをやらかしたかというと、今回はナガイさんがいないからである。これまでもカメラを失くしたり、財布がないと騒いだりするのは、いつも私で、ナガイさんはそうしたことはない。したがって、ひとりで出かけたとたん、こういう失敗をするのは充分にありうることであった。

そもそも気仙沼を二年ぶりにひとりで再訪することになったのも、いわば当方の「不徳の致すところ」が原因といえる。

この東北取材は二〇一三年の四月に八戸からスタートし、おおむね順調なペースでこなしていた。だが、同年一二月の七回目の取材で宮城県南三陸町まで南下したところで、事情により長期中断に入り、再開したのは翌年九月であった。そして秋も深まるころには仙台まで走り終えて取材は終了したのであるが、それからぐずぐずしているうちに執筆が遅れた。

あれやこれやで取材開始からずいぶん時間が経過してしまい、あれから被災地の様子も変わっていよう。とくに各地で建設計画が進められている防潮堤がその後どうなったか、気になっていた。

それで、二〇一五年一〇月、いくつかポイントを定めて三陸沿岸を再訪してみることにした。

再訪先は、防潮堤はつくらせないと地元商店主らが徹底抗戦の構えをみせていた気仙沼港の中心部と、宮城県最高の一四・七メートルの巨大防潮堤が計画されている気仙沼市南端の小泉海岸。それから岩手県宮古市に移動し、防潮堤をつくらずに自主避難態勢を確立してきた鍬ヶ崎、これとは対照的に巨大防潮堤をはりめぐらせた田老の四カ所である。

いずれも津波や防潮堤との向きあい方において印象的な地区であり、これらを回ってもういちど現況を見てこようと思った。こんどは気仙沼から宮古へと前回とは逆に北上することになったが、それは移動時間と宿の都合によるものにすぎない。

計画どおりの巨大防潮堤

二年ぶりに訪れた小泉海岸に、まだ巨大防潮堤は出現していなかった。

ただ、南北二キロほどにわたってつづく広い海岸一帯にダンプカーが粉塵をまきあげながら右へ左へ駆け回っており、とても浜辺には近づけない。よくこれだけダンプカーを招集したものだと思うくらい、次から次へとやって来ては走り去っていく。二年前は荒涼とした無人の海岸が広がるばかりだったから、まだ建造物はできていないけれども、小泉海岸は目下大変貌を遂げつつある。

海岸の背後の高台に震災を免れた老人ホームがあるほかは、とくに防潮堤が守るべきものは見あたらない。そこに高さ一四・七メートル、幅一〇〇メートル（台形の底辺部分）もの巨大防潮堤が築かれる謎は、依然そのままである。仮設暮らしの地元住民によると、去年までおこなわれていた防潮堤協議は今年になってから開かれておらず、このまま計画どおりの巨大防潮堤が築かれることになりそうだという。

この地区にあった旧防潮堤は五メートルだったから、一気に三倍近い高さになる。多くの住民は防潮堤そのものには反対していないようで、懸念しているのはやはりその高さだ。

「海が見えなくなると、いざというとき逃げ遅れるんでねえか。それに維持費も気にかかる。子や孫の代にツケを回すのはなあ……」

住民のひとりは渋い顔をみせた。

小泉海岸から北へ六キロほどのところにある大谷《おおや》海岸では、当初、県が提示した計画を見直して高さを九・八メートルに縮めたが、ここもまだ工事ははじまっていない。

そこから少し離れた大谷漁港に新しい防潮堤が一部できている。高さ九・八メートルというが、海側と陸側で高低差があるので、海岸よりも何メートルか高い陸側から見ると、さほどの高さではない。防潮堤の高さ表示には注意が必要で、それは地面からの高さではなく、海面からの高さを表している。厳密には全国の標高基準となる海水面の高さである「東京湾中等潮位（TP）」からの高さが表示される。防潮堤の高さを表すのに、よく「TP10メートル」などと表示されているのはそのためだ。

したがって、同じTP一〇メートルの防潮堤でも、海抜ゼロメートルの海岸に建てるのと、断崖の上に建てるのでは、地面からの高さがまるでちがってくる。

そういう意味で大谷漁港の防潮堤と対照的なのが、気仙沼港の西岸に建設が進められている垂直壁型の防潮堤である。水産加工場や冷凍工場が多い平坦地に一部出現したその防潮堤は、TP七メートルだが、護岸の高さと同じ地面から立っているため、大谷漁港の九・八メートルよりずっと高く見える。

地面から垂直のコンクリート壁が唐突に立ちあがり、完成時には何か表面処理がなされるのだろうけれども、ソッケないコンクリートのせいで、刑務所の塀を想起させる。

壁の厚さは、厚いところと薄いところが交互につづいているが、厚い部分で一メートル二〇センチほど、薄い部分は七〇センチほどしかない。その壁面のところどころ、人の背丈よりも少し低い位置に壁が長方形にくり抜かれている。ここに透明のアクリル板をはめ込んで、壁の向こう側の海が見えるようにするのである。つまり覗き窓であるが、けさほど乗ってきた大船渡線の各駅停車の窓よりも小さい。よくわからないが、いろいろ強度計算をしてこの大きさになったらしい。

「津波が来たらなァ、そっから海さ覗いて水族館みたいになるんだべ」

声をかけてきた通りがかりの老人は、目が笑っている。こんなもので、と言わんばかりの口調だ。

各地で原形をとどめずに破壊された旧防潮堤をさんざん見てきた目には、海辺にひょろりと立つ薄壁がなんとも頼りなく見える。だが、その先のほうへ行くと、太い鉄管柱が地面からニョキニョキと生えたように五メートル間隔くらいで立っている。これにコンクリートを覆うのだとわかったが、少なくとも見た目よりは頑強のようだ。

この気仙沼港西岸の後背地は土地が低く、今回の津波で多くの犠牲者を出した一帯である。したがって新防潮堤に託された任務は重いが、どうもこれは見た目に難がある。刑務所風であるうえに、力強さと頼もしさが感じられない。むしろコンクリートで覆う前の剝き出しの鉄管柱のままのほうが縄文遺跡の巨大柱を思わせる力強さを感じる。この壁型防潮堤、実際の強度はともかく、視覚的にひどく損をしているように思う。

県に押し切られる

気仙沼のヘソである内湾地区の防潮堤問題はすでに決着していた。軍配は県に上がったが、地元もただでは起きぬと意地をみせたような防潮堤計画になっている。

県は当初六・二メートルの防潮堤を計画したが、地元の猛反発にあって五・一メートルまで妥協。しかし「防潮堤はいらない」とする商店主らとの隔たりは大きく、膠着《こうちゃく》状態がつづいていた。

その後決着をみた計画というのは、海面から五・一メートルを確保して、なおかつ人が路上から立って海が見えるようにした防潮堤である。

これを実現するために、まず堤の後背地を二・八メートルかさ上げし、これによって陸側からの堤の高さは二・三メートルとなる。これでも海は見えないので、奥の手を駆使することとした。それはフラップゲートとよばれる装置で、津波襲来とともに一メートルの高さの壁が堤の上で自動的に立ちあがるというものだ。フラップゲートはふだん倒れているため、実質的な堤の高さはTP四・一メートル、陸側からだと一・三メートル。ほぼ胸高で、これなら海は見える。

このフラップゲート方式の採用は全国初だそうで、津波対策と景観確保の両方のニーズを満たしたものといえるが、内湾地区の中心部、魚町《さかなまち》の商店主らはふくれっ面だ。どうあれ、県に押し切られるかたちになったのが釈然としないらしい。

「だいたい今回の防潮堤計画は震災のどさくさに県にやられたという感じでね。こっちは家や店を流されて、それどころじゃないときに、さっさと計画をつくってきて、これでいきますって。そりゃないですよ」

県への恨み節を口にした商店主は、「ここの通りでは一人も震災で亡くなっていない」と言った。「ここの通り」というのは、港に面して老舗商家が軒をつらねていた魚町のメインストリートのことだ。防潮堤がないからこそ、いつも海の表情を見て暮らし、震災のときも迅速に避難できた。ゆえに防潮堤をつくられては、かえって迷惑だという。なるほど、この言葉には説得力がある。

ただし、この表通りから奥に入った後背地では犠牲者が出ている。港から約五〇〇メートル離れた気仙沼市役所で津波は一メートルを超えた。もし港に防潮堤があれば被害はもっと少なかったのではないかという声も聞かれる。

港に面した魚町は気仙沼で別格エリアといってよく、昔から回船問屋や船主が家を構えてきた地区だ。東北地方きっての漁港である気仙沼の船主といえば、それ相応の力とプライドをそなえた地元の名家であろう。そんな魚町の旦那衆がこぞって防潮堤に反対したのだから、県もさぞ手を焼いたにちがいない。港のはずれで犬の散歩をしていた老人は、

「あそこが反対するもんだから、復興が進まねえんだ」

と魚町の憎まれ口をたたいたが、魚町の意向は気仙沼の民意を代表していたのだろうかという気がする。港周辺でも犠牲者を出しているにもかかわらず、魚町は景観と風情を重視して防潮堤を拒否しつづけた。仮にそれが気仙沼の復興・発展につながる最良の選択肢だと考えたとしても、魚町には別格エリアの我の強さを感じる。

防潮堤の高さに決着がついたのは、ここだけではない。

唐桑半島の鮪立《しびたち》地区では、二年前の取材時、県から九・九メートルの計画を示されて揺れ動いていたが、その後、曲折をへて、結局八・一メートルに落ち着いた。当初の計画よりも一・八メートル低くなったのは、漁港湾口部の岩礁が津波流入を減少させると判断されたからだという。

大島では環境省「快水浴場百選」の小田の浜に計画されていた一一・八メートルの防潮堤が見直され、現状の三・五メートルとする方針に改められた。きれいな海水浴場に一二メートル近い防潮堤はさすがにそぐわないと県もまともな判断を下したものらしい。

「なんだかえらいことになってきたなァ」

気仙沼で見た垂直壁型の防潮堤は、宮古港の鍬ヶ崎地区でも建設がはじまっていた。

防潮堤のなかった鍬ヶ崎では二年前の取材時に建設がすでに決まっていると聞いたが、再訪

鉄管柱の列はコンクリートで覆われ防潮堤となる（宮古）

してみると、魚市場の横から岸壁に沿って、あの縄文巨大柱のような鉄管柱の列ができている。まだコンクリートで覆われてはいない。

鍬ヶ崎は背後がすぐに傾斜地になっているため、平坦地がかぎられている。そうした地形では垂直壁型の防潮堤にならざるをえないのであろう。そう考えると三陸沿岸はどこも平坦地が少ないので、このタイプの防潮堤が今後各地に出現するのではないかと思う。

地面から突き出た鉄管柱に近づいてみると、気仙沼のものよりもかなり大きい。道路脇に掲示してあった工事案内板によると、高さは地上から九・一メートルで、鉄管柱の直径は一・四メートルもある。

だが、地上に突き出ている部分よりも、地下に埋まっている部分のほうがはるかに大きい。地中で鉄管杭は二股に分かれ、それが地中深い岩盤まで打ち込まれている。その深さは場所によって異なるが、現場監督らしき人にたずねると、現在工事が進められている場所で地下一九メートル。鍬ヶ崎一帯は埋立地のため、かなり深くまで打ち込まなければならないらしく、ボーリング調査をした結果、この先、二五メートル、場所によっては四〇メートルに達するところもあるという。

できている鉄管柱の柱列はまだ一〇〇メートルくらいであったが、これがいずれ宮古港をぐるりと囲むように全長一六〇〇メートルにわたってつづき、長大な屏風のような垂直型防潮堤が出現することになる。港の北側地区では建設反対の声もあがっていると聞いた。

「なんだかえらいことになってきたなァ。高さはちょうど電線の高さと同じだそうだ。津波で倒れねえべか？　まあ、賢い人がちゃんと計算してつくっているんだろうから」

鍬ヶ崎の住人は、あきらめ顔で言ったあとで「もっとすごい防潮堤ができてるよ」と教えてくれた。最近、高さ一四・七メートルの垂直型防潮堤ができたのだという。それがあるのは、ここから北へ五キロほどにある女遊戸《おなっぺ》（宮古市崎山）という集落である。そこへは前回行っていない。

ちょうど田老への途中でもあり、さっそく行ってみることにしたが、その前に浄土ヶ浜に立ち寄った。鍬ヶ崎からほど近い景勝地であるが、ここに見ておきたい津波碑がある。そこには、地震がなくても津波に注意せよ、といったためずらしい警句が刻まれているらしいと、ナガイさんが津波関連書で仕入れた情報を教えてくれた。

浄土ヶ浜へ行ってみると、その石碑は海岸べりに昭和大津波の記念碑と並んで立っていた。チリ地震津波のあとに地元のロータリークラブが建立したもので、

〈地震がなくとも潮汐が異常に退いたら津波が来るから早く高い所に避難せよ〉

と刻まれている。

地震があったら津波に注意、というのが津波碑の常套句であるが、この石碑はちがう。実際、地球のむこう側で発生するチリ地震がおこす津波は、揺れを感知しないのに津波だけが不気味に接近してくる。

その注意をこの石碑は喚起しているが、もうひとつ「揺れが小さくても津波を警戒せよ」という文言があればと思う。前述したように明治大津波のとき、地震の揺れは震度2か3くらいだったとされる。そのため避難する者はおらず、そこへ大津波が襲い、二万人以上の死者を出した。

さきの東日本大震災が強烈すぎたこともあって、明治大津波の悲劇が忘れられている。今後は平成の大津波によってもたらされた経験や教訓が、津波対策のセオリーとして定着していくことであろう。だが、地震が小さくても、とてつもない津波が襲うことがある。それを頭の隅においておかないと、いずれ手痛い目にあうような気がする。

いずれにしても、地震がなくても津波への注意を呼びかけた浄土ヶ浜の津波碑は、三陸沿岸に数ある津波碑のなかでも非常に貴重なものであると思う。

不思議な光景

浄土ヶ浜から国道45号線に出ると、しばらくこの道を走った。岩手県下の45号線を走るのも二年ぶりだが、宮城県下よりもアップダウンが大きい。ああ、こんなふうだったなとペダルを踏みながら思い出したが、ダンプカーの交通量が二年前よりも倍増している。各地で復旧工事が本格化し、三陸一帯をダンプカーがこまねずみのごとく動き回っているようだ。

しばらく国道を走って海側に折れる細道に入り、下っていくと女遊戸の集落に出た。海はここから一キロほど先である。やがて浜辺に出る手前に白い壁が見えてきて、近づくと、忽然と巨大なコンクリートが立ち上がっていた。

なんだか不思議な光景である。

無人の浜辺に巨大な無機質の壁が周囲に頓着することなく立ち塞がり、その突飛さがおかしい。これを見た人は、まず呆気にとられ、それから笑いだすのではないかと思う。

高さ一四・七メートルというと、気仙沼の壁型防潮堤の二倍だ。こうなると、刑務所みたい、という比喩は当たらない。府中刑務所の塀の高さが五・五メートルだから、それとはくらべるべくもない。そんなそびえるばかりの壁が無人の海岸に二〇〇メートルほどにわたってつづいている。垂直壁のため、台形型防潮堤よりもその高さが異様に際立ち、それがもはや常軌を逸した領域にさしかかっているように見える。

壁？　巨大な防潮堤のある風景（女遊戸）、自転車があまりにも小さい

ここにはかなり大きな津波が襲ったのであろう。それに見合う高さとして一四・七メートルがはじき出され、立地条件のせいか予算の都合かわからぬが、とにかくここは垂直壁の防潮堤がベターであると判断されたのであろう。そうした現実に即してつくられたのが、この巨大コンクリート壁であった。機能を追求していくと無駄のない美しさが生まれるというが、硬直的に現実性を追求していくと、しまいにシュールで妙ちくりんなものができあがるというパラドックスをこの風景は教えてくれている。

ただ、この海岸付近には人家はない。海岸から少し離れたところに水産庁所轄の立派な水産研究施設があり、その先に三〇戸ほどの女遊戸集落がある。

その集落で話を聞いてみると、海から離れているせいか、巨大コンクリート壁に眉をひそめるふうではない。もともと集落から海が見えないこともあり、あの壁による眺望悪化を口にする住人もいない。ここの海岸には震災前にも一〇メートルの防潮堤があり、高い防潮堤への抵抗感が薄かったのかもしれない。今回の建設にあたり反対運動などもおきておらず、「かえってありがたい」という人はいたが、そもそもあまり関心対象になっていない印象すらうけた。

どうも拍子抜けであるが、じつは、こうした傾向はこの集落にかぎらない。防潮堤反対の急先鋒はマスコミと都会の識者であり、地元住民の反対熱はそれほどでもないことが多い。防潮堤は是か非かと問えば、非とする人のほうが多いのはたしかであるが、「できればカンベンしてもらえねえかな」という感じの非である。気仙沼市各地のように住民が反対のノロシをあげているところはあるにしても、防潮堤をめぐってマスコミ報道と地元住民でかなり温度差があることは、三陸沿岸をたどった自転車乗りとして体感している。

しかし、そうなると、どうも困ったことになる。地元が反対の声をあげないと、県がはじき出した高さで粛々と防潮堤は築かれていく。しかも、前述のように三陸沿岸は平地が少ないため垂直壁の防潮堤があちこちで建設されることになり、その結果、三陸各地にキテレツな光景が続出するのではあるまいか。宮城県とくらべると高い防潮堤に慣れている岩手県でも、この突飛で異次元空間を思わせる建造物には強い違和感をもつ人が多いと思う。

防潮堤の高さと犠牲者の数

女遊戸海岸にできたモンスター防潮壁は、その高さのせいで遠目には薄壁に見えるが、近づいてみると、けっこうな壁厚があり、その厚さは一・八メートル。コンクリートの中を通っている鉄管柱は、地下で三つ又の巨大な杭となって地中深くに達している。

しかし、いかに頑強であっても、この壁のきわで暮らしたいという人はまずいないであろう。外界が遮断され、海のようすは見えず、津波が接近してもわからない。実際、今回の震災で高い防潮堤のせいで逃げ遅れたという話はよく聞く。防潮堤があるから大丈夫だという過信が悲劇を増大させたという指摘も多い。

だから、高い防潮堤は不要である、かえって犠牲者を増やすと結論づけることができたら非常にすっきりするのだが、じつはそうはいかない。というのは、今回の震災で各地の犠牲者率と防潮堤の高さの相関関係をみると、困ったことに防潮堤の高い地域のほうがあきらかに犠牲者率が低いからである。

岩手県の沿岸市町村ごとに、県が把握している沿岸各地区の旧防潮堤の高さの平均値を出して高い順に並べ、それぞれの犠牲者率を付記してみる（ただし、湾口防波堤をもつ釜石市と大船渡市については、湾口防波堤により湾内地区の防潮堤は低くて済むため、該当する防潮堤は除外した）。

①普代村（平均一五・五メートル）犠牲者率〇・〇三％
②岩泉町（同一二・三メートル）同〇・〇九％

③洋野町（同一二メートル）同〇％
④野田村（同一一メートル）同〇・八四％
⑤久慈市（同一〇メートル）同〇・〇一％
⑥宮古市（同九・六メートル）同〇・九五％
⑦釜石市（同八・三メートル）同二・八七％
⑧田野畑村（同七・九メートル）同〇・八三％
⑨大船渡市（同七・七メートル）同一・二二％
⑩大槌町（同六・四メートル）同八・三七％
⑪陸前高田市（同六・三メートル）同七・七五％
⑫山田町（同六メートル）同四・四七％
（犠牲者率は二〇一五年三月時の死者・行方不明者数を震災前の二〇一〇年当時の人口で割ったもの）

このうち岩泉町については、町の中心部が内陸部にあり、沿岸域が小さく沿岸人口も限られているので除外すべきかもしれないが、いちおう加えた。

ここに示したとおり、大槌、陸前高田、山田の三市町はいずれも防潮堤が六メートル台と低く、犠牲者率は他の自治体とくらべて際立って高い。いっぽう、犠牲者率一パーセント未満の自治体は、防潮堤の高さがほぼ八メートル以上だ。

犠牲者率が低い自治体は県北部に集中しているが、襲った津波の高さは県北部がとくに低かったわけではない。三陸沿岸の津波の高さについては前述のとおり同一地域内でも大きな違いがあり、またいろいろな観測データがあるため、市町村別の傾向をつかむのはむずかしいが、犠牲者率の高い大槌、陸前高田、山田の三地域にとくに大きな津波が襲ったということもない。

防潮堤の高さが語るもの

さて、この結果をどうみればいいのだろうか。考えられることは二つあると思う。

ひとつは、高い防潮堤が津波浸水までの時間を稼ぎ、その間に多くの人が避難できたとする見方である。ただし、この防潮堤効果説については、はっきりした検証がみられない。釜石湾の湾口防波堤の効果についてシミュレーション結果が報告されているが、海岸に築かれた防潮堤については、そうした分析がきちんとなされているかどうかもよくわからない。

どうも気になるのは、畑違いの自転車ライターが慣れぬ電卓たたいてデータを出すまでもなく、防潮堤の高い地域のほうが犠牲者は少なかったという結果は、防災の研究者などの専門家ならば先刻承知であろうということだ。しかるに、そうした指摘は聞こえてこない。なにやら防潮堤を是とすることが憚られるような、あるいは許さぬような社会的空気を感じないでもない。

さんざん見てきたとおり防潮堤はごく例外をのぞいて、ことごとく砕かれていたが、破壊された時点で防潮堤は完敗を喫したのである。あとから何を言っても負け犬の遠吠えになってしまう。したがって、防潮堤の時間稼ぎ効果のほどはよくわからない。

二つめに考えられるのは、防潮堤の高い地域ではすみやかに避難する人が多かったということだ。

津波から身を守るにはすみやかに避難すればよい。この大鉄則を実行する人が防潮堤の高い地域で多かったのは、偶然ではないのではないか。これも前述したが、防潮堤は過去に津波によってもたらされた悲劇が大きいところほど高い。防潮堤の高さは過去の悲劇の大きさを示している。

過去に大きな津波被害を経験した地域ほど津波の教訓が色濃く伝えられるだろうから、いざというときすみやかに避難する住民が多くなる。そして、そういう地域では過去の悲劇の大きさを反映して防潮堤も高くなるのであるが、もっといえば、その高い防潮堤は震災モニュメントの役割を果たしたのではないか。海岸に毅然とそびえ立つ防潮堤は、ここには津波がくるぞ、危ないぞというメッセージそのものであり、それを見て育った住民は必然的に津波にたいする警戒心がインプットされる。道端におかれた津波碑の警句よりも、巨大な防潮堤が発するメッセージは、はるかに強力であろう。

ずいぶん長大かつ高価なモニュメントであるけれども、それがそこにあったから、人びとはすみやかに避難したのではないかと思うのである。

旅の終わりに

そのように考えると、世界一の防潮堤を築いた田老は、さしずめ町をあげて津波警戒警報を発してきたことになるが、今回の震災犠牲者は一八五人。これを震災前人口で割ると犠牲者率は四パーセントとなり、前記の沿岸市町村の数字と照らしてかなり高い。

田老についてよく指摘される防潮堤への過信は、チリ地震津波で得た称賛によってもたらされている。三陸沿岸で浸水被害が続出するなか、田老ではサッパ船が流されるくらいの被害で済んだ。じつは、このとき津波は防潮堤まで到達していなかったのだが、当時の新聞は田老の防潮堤を「リアス式海岸の不利な条件にもかかわらず立派に生命のタテであることを実証した」などと称えた。

田老の不幸は、このときからはじまったといえる。田老の防潮堤は世間の知られるところとなり、やがてそれは世界にも広がり、海外から視察団が訪れるようになった。そして昭和大津波から七〇年後の平成一五年（二〇〇三）には「津波防災の町」宣言をおこなうが、その八年後に今回の震災に見舞われている。防潮堤への過信は、新聞の誤報に端を発して膨らんだのである。

その田老に二年ぶりに来てみると、なんとなく以前と様相が異なっている。市街地全体をかさ上げし、南北に走る45号線を山側に四〇メートルほど移動させて、町の新しい基本形はすでにできあがっているようだ。新国道の脇には災害公営住宅も完成している。

いっぽう、海側の低地は以前とあまり変わっていない。二年前、無残な鉄骨をさらしていた「たろう観光ホテル」は、シートで覆われて、あの姿を見ることができない。あれから宮古市が買い取り、震災遺構として残すことに決まったそうだ。

長大な防潮堤の姿は以前のままであった。近づいてみると、あちこちひび割れし、透き間から雑草が生えている。もう半世紀以上も風雪にさらされ、さきの震災では用をなさなかったとはいえ、あの大津波に耐えたと思うと、ねぎらいの言葉のひとつもかけてやりたくなる。堤の上にあがると、海側のへりが一段高く新しいコンクリートで固められている。地盤沈下した分、七〇センチかさ上げしたそうだ。

海岸沿いにもう一重、高さ一四・七メートルの巨大な新防潮堤が築かれることになっているが、着工はもう少し先のようである。完成すれば要塞都市のような光景が出現することになるが、それにたいする反対の声はとくにあがっていない。

ただ、気になるのは、震災直前に四四三四人いた人口が、四年半たって三一七一人(二〇一五年一〇月現在)に減少したことだ。震災以降、三割近い住民が田老を離れたことになる。かつて住宅が建ちならんでいた市街地の多くは居住できなくなり、今後は造成した高台に暮らす人が増える。もといた場所に家を建てられるのは、国道より山側のエリアに住んでいた人だけだ。そのエリアも国道が山側に動いたため、帯状の細長い範囲に狭められてしまった。

じつは田老に行ったら訪ねてみようと思っていた場所があった。二年前、サラ地になった自宅跡地で小さな畑をつくっていた老人がいた場所である。

元漁師と自分では言ったが、旧家のご隠居といった風情のその老人は、ときどき仮設住宅から出てきて、土いじりをしている様子であった。昭和八年の大津波につづいて二度目の大津波を経験し、家を流されたが、別れ際「またここに住みますよ」と、こともなげに言ったのが印象に残っている。

あの老人がいた場所はどこだったたか、うろ覚えで行きつもどりつするうち、どうやらこのへんだったのではあるまいかという場所にたどり着いた。国道山側の居住可能エリアの一画に、できたばかりの平屋が一軒、ぽつんと建っている。まだ住んでいないらしく、人の気配はない。奥さんと二人暮らしと言っていたから、隠居邸といえば、それにふさわしい、こぢんまりした家である。あの言葉どおり、老人はまたもどってきたのであろうか。

ふと見ると、広い敷地の一画に小さな畑があり、ダイコンが植わっている。だから、たぶんここがそうだと思ったが、どうも区画整理と土地のかさ上げで町の表情が変わったせいもあり、いまひとつ確証はない。

あとがき

書き手と二人三脚で、とは編集者の心得をあらわした言葉であるが、書き手のほうは編集者のことを二人三脚の相手だと思っているとはかぎらない。当たり前だが、調べるのも書くのも自分であって、編集者が代わりをつとめてくれるわけではない。

編集者が取材に同行することはよくあるけれども、それは書き手が大家の先生や売れっ子作家である場合にかぎられる。とくにルポやノンフィクションとよばれる分野の仕事で、編集者が全取材に同行することはまずありえない。

しかるに、最初から最後までいっしょに取材にまわった希有な編集者がおり、それがナガイさんであった。当人が自転車好きであることを差し引いても、これは通常できることではない。そもそも三陸の被災地を自転車でたどるというプランを思いついたのもナガイさんであり、これは私からは決して出てこないプランであった。

つまり、ナガイさんがいなければこの本は誕生していない。したがって、まずナガイさんこと、長井治氏に最大限の感謝をしなくてはならない。担当編集者というよりも、本書のプロデューサーであり、共同取材者である。書いたのは私であるが、筆を動かした、被災地の風景を眺める目や収集した情報の咀嚼《そしやく》において「ナガイさん」が少なからず溶けこんでいる。

本書の取材は二〇一三年春から一五年秋にかけておこない、震災から数年後の三陸被災地をめぐることになった。震災直後ではなく、かといって復興のかたちもまだ見えてこない、そういう意味では中途半端なタイミングでの取材となったが、これはむしろよかったと思っている。震災直後であれば、山積する瓦礫に圧倒されて壮大な瓦礫物語になったかもしれない。瓦礫が片づいたあとのサラ地の広がりのなかに高い防潮堤がそびえていて、それでこの建造物に注目することになった。

震災から数年をへて、被災地がいくらか落ち着きをとりもどしたところで人びとの話が聞けたのもよかったと思っている。大きな不幸を背負った傷も癒えぬところを自転車でうろうろし、あれこれと聞いてまわる無遠慮なふるまいをつづけたが、会う人みな親切であった。文中にお名前を記したのはほんのひと握りの方であるが、八戸から仙台までの沿岸各地で話を聞かせてもらった、ひとりひとりのみなさんにナガイさんともども感謝している。

なお、本書は石巻市出身の岩渕恒氏と平凡社の直井祐二氏のおかげでかたちになった。岩渕氏はこの取材をはじめるにあたり煮え切らなかった背中を押してくれた人であり、直井氏は自転車取材という試みをおもしろがり、また的確な助言により本書の完成度を高めてくれた。

お二人に衷心より感謝申し上げます。

二〇一五年 冬

武内孝夫

【参考文献】

山口弥一郎『津浪と村』三弥井書店〈復刻版〉、二〇一一年（初版は恒春閣書房、一九四三年）
吉村昭『三陸海岸大津波』文春文庫、二〇〇四年（初版は中公新書、一九七〇年）
首藤伸夫「津波による海岸堤防・護岸の被災」、『津波工学研究報告16』東北大学工学部災害制御研究センター、一九九九年
山下文男『津波の恐怖』東北大学出版会、二〇〇五年
山下文男『津波と防災』古今書院、二〇〇八年
河田惠昭『津波災害』岩波新書、二〇一〇年
『地図で読む東日本大震災』成美堂出版、二〇一一年
宮脇昭『瓦礫を活かす「森の防波堤」が命を守る』学研新書、二〇一一年
「3・11以前」写真集プロジェクト事務局編『東日本大震災 復興応援写真集 3・11以前』小学館、二〇一二年
池上正樹・加藤順子『あのとき、大川小学校で何が起きたのか』青志社、二〇一二年
遠山益『松林が命を守る』第三文明社、二〇一三年
『社会運動』四一四号〈大特集 海から贈られた協同社会〉市民セクター政策機構、二〇一四年九月
『津波――語りつぐツナミ』種市町立歴史民俗資料館、一九八八年

『生活調査報告書（久慈市小袖部落）』盛岡短期大学生活科学研究部、一九六三年
『新たのはた風土記』田野畑村芸術文化協会、一九九四年
『防災の町』田老町教育委員会、一九七一年
『千年後への伝言――唐丹町の人々が伝えつなぐ大津波の記録』唐丹町公民館、二〇一三年
上飯坂哲編『大槌町大海嘯記録』〈私家版〉二〇〇〇年
『三陸町史』第四巻〈津波編〉三陸町、一九八九年
『保存版写真集 未来へ伝えたい 陸前高田』タクミ印刷、二〇一一年
『陸前高田史』第八巻、陸前高田市、一九九九年
「気仙沼市を揺るがす巨大海岸堤防計画」『週刊東洋経済』二〇一二年九月二二日号
『明治29年三陸大津波物故者100年忌供養法要記念慰霊誌「海晏」』愛宕山地福寺
「会誌 ACADEMIA」一三九号、社団法人全国日本学士会、二〇一三年四月
『歌津町史』歌津町、一九八六年
『志津川町誌』志津川町、一九八九年
『女川町誌』〈続編〉女川町、一九九一年
『石巻の歴史』〈第四巻 教育・文化編〉石巻市、一九八九年

著者
武内孝夫（たけうち・たかお）
フリーライター。1958年神戸市生まれ。関西学院大学社会学部卒業。雑誌編集などをへて文筆業。歴史、産業、紀行分野を中心に執筆活動を続ける。おもな著書に『こんにゃくの中の日本史』（講談社現代新書）、『メイド・インにっぽん物語』（実業之日本社）、共著に『奇跡の居酒屋ノート』（松永洋子編著、洋泉社）など。長年、輪行によるサイクリングを続け、各地の旧街道や山村、地方都市などをめぐっている。

自転車で見た三陸大津波――防潮堤をたどる旅

2016年2月17日　初版第1刷発行

著　者　武内孝夫
発行者　西田裕一
発行所　株式会社平凡社
〒101-0051　東京都千代田区神田神保町3-29
電話　03（3230）6579［編集］
03（3230）6572［営業］
振替　00180-0-29639
印刷・製本　シナノ書籍印刷株式会社
ＤＴＰ　角谷　剛
装　幀　小泉　弘

NDC分類番号291.2　四六判（18.8 cm）　総ページ248
ISBN978-4-582-82482-7
平凡社ホームページ　http://www.heibonsha.co.jp/